高等院校艺术设计专业精品系列教材
"互联网+"新形态立体化教学资源特色教材

潘鲁生　总主编

设计美学

张晓玮　编著

中国轻工业出版社

图书在版编目（CIP）数据

设计美学 / 张晓玮编著. —北京：中国轻工业出版社，2025.8
ISBN 978-7-5184-4221-8

Ⅰ.①设… Ⅱ.①张… Ⅲ.①设计—艺术美学—教材 Ⅳ.①J06

中国版本图书馆CIP数据核字（2022）第256545号

责任编辑：李　红　　　　责任终审：高惠京　　　设计制作：锋尚设计
策划编辑：毛旭林　李　红　责任校对：朱　慧　朱燕春　责任监印：张　可

出版发行：中国轻工业出版社（北京鲁谷东街5号，邮编：100040）
印　　刷：艺堂印刷（天津）有限公司
经　　销：各地新华书店
版　　次：2025年8月第1版第2次印刷
开　　本：870×1140　1/16　印张：9
字　　数：330千字
书　　号：ISBN 978-7-5184-4221-8　定价：58.00元

邮购电话：010-85119873
发行电话：010-85119832　010-85119912
网　　址：http://www.chlip.com.cn
Email：club@chlip.com.cn
版权所有　侵权必究
如发现图书残缺请与我社邮购联系调换
251317J1C102ZBW

序言

2021年7月，国家教材委员会印发《习近平新时代中国特色社会主义思想进课程教材指南》通知明确提出：课程教材集中体现党和国家意志，是育人的载体，直接关系到人才培养方向和质量。大学阶段的教育重在形成理论思维，实现从学理认知到信念生成的转化，增强使命担当，引导学生深入地理解习近平新时代中国特色社会主义思想的理论体系、内在逻辑、精神实质和重大意义，增强建设社会主义现代化强国和实现中华民族伟大复兴中国梦的使命感。高等院校教材要系统阐释习近平总书记关于社会主义文化建设的重要论述，展示文化自信是一个国家、一个民族发展中更基本，更深层，更持久的力量，要深刻把握中国特色社会主义道路的历史逻辑，推动中华优秀传统文化的创造性转化和创新性发展。

截止到2021年，我国各类高校2738所，其中本科院校1270所，高职（专科）院校1468所，半数以上开设"设计学类"专业，在学总人数已逾百万，培养规模居世界之首。设计人才已成为深度参与产业升级、塑造文化自信、建设美丽中国的重要力量，此类教材的编写显得尤为重要。2019年11月，中国轻工业出版社与山东工艺美术学院共同举办"全国高等院校'新时代'设计学类本科教学改革与一流课程建设"系列学术活动。其间，中国轻工业出版社王磊光总经理、李颖总编辑一行访问山东工艺美术学院，向我介绍该社正在规划的高等院校设计学系列教材，并邀我担任总主编。由此，我开始思考此套教材的时代背景、学科专业建设需求和总体编写思路。在我看来，这套教材应立足全员育人宗旨，立足"专业+思政"，在遵循设计类学科专业人才培养规律的基础上，应突出强调以下几个方面。

一、突出协同育人效应，专业教材与课程思政有机融合

目前，大学教师中80%是各类专业课师资，而专职思政课教师仅占20%，大学教育如何解决"为谁培养人、培养什么人、怎样培养人"的问题，很大程度上要充分发挥专业课阵地作用，因而设计类教材编写，必须坚持"思政+设计"育人导向，应明确中国站位、突出中国案例、体现中国智慧、展示中国力量、叙述中国成就，充分体现其"课程思政"主战场、主阵地、主渠道作用；激发学生的专业自信心与民族自豪感；树立设计服务民生、设计服务区域经济发展、设计服务国家重大战略的立足点和价值观；培养"知中国、爱中国、堪当民族复兴大任"的新时代设计人才。

二、立足新文科、新工科建设要求，服务设计学科发展和完善

设计学科与新文科、新工科发展密切相关，设计类教材建设需基于新时代新文科、新工科建设要求，服务中国经济转型、乡村振兴，探索设计学一级学科与社会学、经济学、民俗学等学科的关系，强调学科的实用性、交叉性与综合性，具备以产业需求为导向的前瞻性，以学科交叉为主体的融合性，以实践创新的全面性，服务新技术、新产业、新业态和新模式为特征的人才培养需要。设计学科发展需依托科学技术，服务国计民生，推动经济发展，因此本套系列教材体现新时代设计专业教育的新站位、新要求、新精神，阐释中国设计学的学科体系、学术体系、话语体系和应用服务体系。

三、一流教材与一流课程有效衔接，服务国家"双万计划"

2019年，教育部正式启动"一流本科专业建设点"评定工作，计划三年建设10000个左右国家级一流本科专业点，其中设计学类专业474个，与之相匹配，教育部同步实施了10000门左右的国家级"一流课程"的建设工作。"一流课程"需要一流教材支撑，教材建设作为课程建设的重要组成部分，发挥着搭建教学团队、引领教学理念、固化教学成果、丰富教学资源的重要作用，是一个长期积累、持续改进、厚积薄发的过程。本套教材编写对标"一流课程"，支撑"一流专业"，构建一流师资团队，形成一流课程资源，服务国家"双万计划"。

四、立足文化自信，融入中华传统造物思想观念

"文化自信是一个国家、一个民族发展中更基本、更深沉、更持久的力量"，2017年，国家制定《关于实施中华优秀传统文化传承发展工程的意见》，提出"推动中华优秀传统文化创造性转化、创新性发展"，中华造物思想体现了自然、人文、社会与政治生态观念，在网络时代和国际化大趋势下，中华传统造物体系是世界文化生态的一环，是生产生活的活态文脉，是民族文化的标志。设计学科承担着对中华优秀传统文化创造性转化、创新性发展的重要责任。设计类教材的编撰工作，特别是在相关案例的选择上，更应充分体现中华传统造物体系，让学生在教材中感知中华造物传统与生活方式，汲取传统造物智慧。

这套教材涵盖产品设计、视觉传达设计、环境设计、风景园林、包装工程等设计类专业的主干课程，理论与实践各有所侧重，以"知识阐述"和"项目训练"为模块，并配备丰富的立体化教材资源，强化教学互动，启发学生的创新思维，提升其专业实践能力。作者多为高校一线教师，具有丰富的教学与设计实践经验，相信本套教材定会对设计专业的学习者明确专业方向、构建专业知识、树立价值观念、提升专业技能大有裨益，成为他们设计学习之路上的津梁舟楫。

潘鲁生
辛丑年孟冬于泉城

前言

本教材认真贯彻党的二十大精神，党的二十大报告指出"中国式现代化的本质要求是：坚持中国共产党领导，坚持中国特色社会主义，实现高质量发展，发展全过程人民民主，丰富人民精神世界，实现全体人民共同富裕，促进人与自然和谐共生，推动构建人类命运共同体，创造人类文明新形态。"本教材贯彻党的教育方针，落实立德树人根本任务，丰富人民精神世界，推进文化自信自强，为建设社会主义文化强国贡献力量。

本教材内容以设计审美的本质为中心，在研究设计案例的基础上，联系美学、文化、艺术学探究设计美学的相关问题；探讨设计美的研究对象，设计美的特点；结合设计实践，从设计美的构成法则，探索设计美的构成要素内容与形式要素；并对中西方设计进行简单的审美比较，展现中国精神、中国话语、中国价值，彰显中国设计的时代魅力。

中国式现代化不仅是物质的创造，还包含崇高的精神追求。教材从课程专业角度对设计艺术的审美案例进行分析，同中华优秀传统文化相结合，坚持以人民为中心的教育理念，全面覆盖艺术设计各专业，图文并茂，通俗易懂。作者通过长期教学实践，收集大量设计案例，与在线课程相匹配，共分为七章：第一章设计美学的学科建立；第二章中西方设计审美的发生与发展；第三章设计美的形式与构成；第四章设计美学的特点；第五章设计审美鉴赏；第六章中西方设计审美比较；第七章设计美学的当下现实与未来展望。本书不但可以作为设计类专业课程教材，也可以用作艺术设计各类专业、建筑学专业、城乡规划专业等大中专院校的通识艺术（设计）教育教材。

《设计美学》是山东省一流课程"设计审美与文化"配套教材，也是山东省优秀课程资源建设"设计审美与文化"的配套教材，山东省高校精品课程联盟在线课程（ZXK2019109）配套教材。感谢山东科技大学教务处、艺术学院的大力支持，感谢智慧树网的工作人员，感谢许士朋老师的帮助。在教材编写过程中，得到许多同事同仁的大力支持，一并感谢。

书中图片除作者拍摄外，部分来源于网络，如涉及版权问题，请联系作者。

设计美学建议学时共32～36学时
（下表为32学时）

根据大纲学分要求2个学分，每个学分16学时或18学时。

章节	内容	课时
第一章 设计美学的学科建立	第一节 设计美学的产生	1
	第二节 现代设计美学教育的发展及趋势	2
第二章 中西方设计审美的发生与发展	第一节 中国古代设计审美发展	2
	第二节 西方设计审美发展	2
	第三节 20世纪及现代设计审美	2
第三章 设计美的形式与构成	第一节 设计美的形态分析	1
	第二节 设计美的形式法则	1
	第三节 设计美的构成要素	1
第四章 设计美学的特点	第一节 设计美学的特征——多重复杂	2
	第二节 设计美学的特性——和谐	2
	第三节 设计美学的精神特性	2

章节	内容	课时
第五章 设计审美鉴赏	第一节　视觉传达审美鉴赏	1
	第二节　产品设计审美鉴赏	1
	第三节　环境设计审美鉴赏	1
第六章 中西方设计审美比较	第一节　中西方图案纹样设计审美比较	1
	第二节　中西方器物造型设计审美比较	
	第三节　中西方建筑园林设计审美比较	2
	第四节　中西方色彩设计审美比较	2
第七章 设计美学的当下现实与未来展望	第一节　设计美学的多元与包容	2
	第二节　设计美学的当下现实	2
	第三节　设计美学的发展趋势	2

目录

第一章　设计美学的学科建立 1

　第一节　设计美学的产生 1
　　　一、设计审美的产生 1
　　　二、设计美学学科的建立 2
　　　三、设计美学学科的发展 3
　第二节　现代设计美学教育的发展及趋势 4
　　　一、"师夷长技"，借鉴西方设计美学教育模式 4
　　　二、吸收传统文化的精髓 4
　　　三、发掘中华民族特有的美学思想基础 6

第二章　中西方设计审美的发生与发展 9

　第一节　中国古代设计审美发展 9
　　　一、审美意识的萌芽 9
　　　二、先秦至两汉的设计审美 10
　　　三、魏晋六朝至唐宋的设计审美 12
　　　四、明清时代的设计审美 15
　第二节　西方设计审美发展 17
　　　一、设计审美的萌芽时期 17
　　　二、设计审美的手工艺时期 18
　　　三、设计审美的机器生产时期 22
　第三节　20世纪及现代设计审美 24
　　　一、现代主义设计审美观念 25
　　　二、后现代主义设计的美学观念 26
　　　三、美国设计美学观念的传播 27

第三章　设计美的形式与构成 30

　第一节　设计美的形态分析 30
　　　一、设计美的形态——点、线、面、体 31
　　　二、形态的分类 35
　第二节　设计美的形式法则 38
　　　一、抽象单纯的形式法则 38
　　　二、量感和张力的形式法则 38
　　　三、和谐与有序的形式法则 40
　第三节　设计美的构成要素 44
　　　一、材料美 44
　　　二、结构美 48
　　　三、功能美 49
　　　四、技术美 50
　　　五、色彩美 51

		六、语义美	55

第四章　设计美学的特点 ... 59

第一节	设计美学的特性——多元复杂	59
	一、设计美是多元的	59
	二、设计美是大众的	60
	三、设计美是功利的	63
	四、设计美最终是文化美	65
第二节	设计美学的特性——和谐	67
	一、设计美学的宜人原则	67
	二、设计美学的生态原则	67
第三节	设计美学的精神特性	69
	一、设计美的最高境界是精神的愉悦	69
	二、设计美的境界本质上是文化的境界	70

第五章　设计审美鉴赏 ... 75

第一节	视觉传达审美鉴赏	75
	一、装帧设计审美鉴赏	76
	二、包装设计审美鉴赏	78
	三、广告设计审美鉴赏	79
	四、CI设计审美鉴赏	80
第二节	产品设计审美鉴赏	82
	一、产品设计的基本要素	82
	二、手工艺设计审美鉴赏	83
	三、工业设计审美鉴赏	84
	四、服装成衣设计审美鉴赏	84
第三节	环境设计审美鉴赏	87
	一、室内设计审美鉴赏	87
	二、景观设计审美鉴赏	88
	三、公共艺术设计审美鉴赏	90
	四、展示空间设计审美鉴赏	91

第六章　中西方设计审美比较 ... 96

第一节	中西方图案纹样设计审美比较	96
第二节	中西方器物造型设计审美比较	98
	一、陶器造型观比较	99
	二、酒器造型观比较	99
	三、饮具造型观比较	100
第三节	中西方建筑园林设计审美比较	101
	一、中西建筑布局及空间的设计审美比较	102
	二、中西代表性园林的设计审美比较	103
第四节	中西方色彩设计审美比较	106
	一、中国传统色彩观念	106
	二、西方设计的色彩观	109

第七章　设计美学的当下现实与未来展望 ... 112

第一节　设计美学的多元与包容 ... 112
一、设计美学的传统性和地域性 ... 112
二、日本设计美学的民族性 ... 115
三、北欧设计美学的地域性 ... 118
四、中国传统设计美学的多元和包容 ... 119

第二节　设计美学的当下现实 ... 120
一、绿色与生态的设计美学 ... 120
二、人性化设计的设计美学 ... 122
三、仿生设计的设计美学 ... 124

第三节　设计美学的发展趋势 ... 126
一、交互设计的设计美学发展趋势 ... 126
二、人工智能设计的设计美学发展趋势 ... 127
三、非物质设计的设计美学发展趋势 ... 128
四、虚拟设计的设计美学发展趋势 ... 130

参考文献 ... 134

第一章 设计美学的学科建立

拓展视频

本章概述

设计美学是在现代设计理论和应用的基础上,结合美学与艺术研究的传统理论而发展起来的新兴学科。设计美学研究设计中的审美意识和美感心理,是一门交叉性、综合性学科,与自然科学、社会科学、物质文化与精神文化都紧密相连。设计美学与传统的美学艺术研究不同,它在学科定位、研究对象和研究范围上具有自身的特点,在现实应用中也有独特的要求。

学习目标

通过本章学习,学生能够了解设计美学产生和发展的历程,知晓设计美学是以设计与人的关系之合目的性为评价标准;其以是否能够满足人的需求,是否能够处理好材料、技术与审美的关系,是否能够适时保持功能与形式的和谐尺度为评价标准。

第一节 设计美学的产生

一、设计审美的产生

设计审美从人类开始使用和制造工具时就已经产生了,但是原始社会的审美只是意识活动,是审美感性层面的内容,而不是成熟的思想体系。人类意识到自己的存在之时,就开始装饰美化自己的身体,这种行为更多是原始人趋利避害的宗教心理造成的。艺术的发生和初期的发展,与原始宗教和原始巫术的关系极为密切,自然崇拜、万物有灵观、图腾信仰、生殖崇拜、祖先崇拜等都对原始艺术发生着深刻影响。先民的思想意识里,宗教迷信的萌芽,是设计审美产生的直接需要和动力,他们在观察社会、表现自然时,往往融入了自己主观的想法。原始社会的装饰以原始人无所不在的巫术思维和原始宗教观念为中心,装饰的形式以一种标志性的东西为主体,以巫术思维为支撑,希望通过这种行为所具有的巫术效应来达到丰产、繁殖、胜利等目的。

劳动工具和劳动产品的造型、彩陶纹样装饰、原始玉器、牙玉骨雕都能表现原始初民的审美趣味。这些原始的造型艺术,直接体现了当时社会人们的审美理想和审美观念。原始先民的审美观已形成了较为明显的特点,如在造型艺术中讲究对称、均衡、比例、线条、色彩等,这是原始先民对自身结构和各种动植物结构细致观察的结果,在这些作品中,融入了他们为生存而激发出的全部感情,体现出生命的本能、生活的理想和原始文化的底蕴。从中国原始社会艺术的构思和表现效果来看,已经初步掌握了整齐一律、对称平衡、符合规律、和谐统一等形式美的因素，并得到较为完善的表现。

随着社会的发展，人类在各个领域创造出辉煌灿烂的设计成果，各个时代的各种设计作品所体现的丰富的审美内涵，其观念的形成与文化底蕴有着不可分割的联系。从艺术发展史来看，不同时期的审美观念的差别，就形成了各个时期不同的审美风尚和特定的艺术形式。因为所谓审美观念是指在一定时期、社会群体和地区环境中所形成的对美的基本认识和看法，以及由此指导下形成的审美意识、审美趣味、审美心理特征等。审美观念和社会其他观念一样，受到社会生产发展水平的影响，同时它又对社会的整体意识形态产生作用。虽然在古代，设计美学没有形成系统的理论体系，也没有专门研究设计的美学家和著作，但这并不能否认设计美学思想的存在。

工业革命以后，技术水平的发展引起了社会生产方式的变化，现代工业化生产方式代替了传统的手工生产，人类进入了工业文明时期。但是，工业技术的发展也引出了迫切需要解决的现实问题，即传统手工生产中的审美形式如何与现代工业生产相结合。也就是说，大批量、标准化的工业生产是否需要审美与艺术的参与？如确实需要，又如何体现出产品的审美与艺术特征？同时，现代工业产品的形态如何满足现代人的审美需要？这些尖锐的现实问题，迫使艺术家们不得不考虑现代工业生产的形态问题，不得不把审美和艺术的眼光投射到工业产品的生产上去。这样，经过艺术家的不懈努力和探索，符合现代人审美观念的现代设计就应运而生了。此外，伴随着现代技术的发展、社会生产方式的革命，人们的生活方式也发生了根本性变化，人们对现实生活不断产生新的需要。工业化的大批量生产，带来了产品的极大丰富，引发了人们生活方式的革命。现代社会，人们生活方式的突出特点是对生活质量的重视，生活质量的核心可以说是审美。随着产品的日渐丰富、生活水平的提高，人们对产品的消费由功能性走向了审美性，有的功能性需求甚至降低到次要地位，而审美的需求上升到首要地位。人们在重视功能质量的同时，也非常看重外观形式，有时它甚至是引起购买欲的主要因素。另外，与产品功能质量并无直接关系的商品包装也为人们所重视，而与这种需求相适应的设计美也就应运而生了。所以，从另一层面看，设计美学的诞生是人们生活方式发生变革的必然结果。

从理论上看，设计美学理论的产生是美学和艺术理论走向大众和现实应用的必然。所谓传统美学，实际上就是思想家的美学、社会精英和贵族的美学，美学和艺术研究主要关注形而上的自我世界，很少顾及现实中人们的审美需要和审美发展，而对美和艺术的需求是人们的基本需求。随着人们生活水平的提高，社会大众的消费逐渐由物质性的追求转向精神性、文化性的追求。而在精神性、文化性的追求中，审美无疑占有主导地位。这些社会观念的变化及社会大众的实际需要，就将美学从传统的艺术哲学领域转向物质生产和社会生活的广大领域。自然而然，关于这些实用领域内的美学和艺术问题、关于社会大众日常生活中的美学问题，必须有相应的学科专门研究。这样，作为一门新兴学科，重点研究人们日常生活美学问题的设计美学就产生了。

从设计审美到设计美学成为一门学科经历了漫长的过程。

二、设计美学学科的建立

设计审美教育是设计教育不可分割的一部分，它是设计教育、艺术教育与美学教育发展到一定阶段进而交叉的结果。

设计美学作为一门新兴学科诞生于20世纪，是现代美学研究不断延伸、不断发展的结果，是当今美学重要的分支学科之一。经过一个世纪的发展，其迅速成为一门专业性、综合性、交叉性的学科。设计美学的研究范围涉及科学技术、工程技术、人文科学和社会科学等领域的相关内容。

设计美学是现代设计学、美学与艺术学学科交叉发展而来的学科。其主要是把美学原理广泛运用于设计艺术（包括艺术设计、工业设计）之中而产生的应用美学。它主要研究设计艺术（诸如视觉传达设计、产品设计、环境艺术设计等）中的美学问题，它研究设计中的审美意识和美感心理。设计美学与传统美学也有显著不同，研究设计美学，不能完全照搬传统的美学理论或艺术学的研究方法。在对设计美学教育体系的探索中，应该充分认识当代设计美学及教育的现状，思考设计美学的发展趋势，并立足于中国博大精深的哲学思想和美学思想，借鉴西方设计史上成功的教育典范，最终建立完善的中国设计美学教育体系。

研究设计审美教育对设计学与美学进一步发展也具有促进作用。当前我国设计审美教育可以分为以下几个阶段。

1. 工艺美术阶段的设计审美教育

20世纪50年代到80年代初期是我国设计美学教育的初始阶段。这段历史时期有其特殊的背景，强调政治的中心地位，艺术为政治服务，以说教性艺术为主体，基本的生活需要占绝对主导，个性化的审美需要基本没有产生。1956年，中央工艺美术学院成立，"工艺美术"一词由此广为流传，而"设计"只是偶尔被提及，这个阶段，设计审美教育依附于工艺美术伦理学，或者说没有独立的设计审美教育。对工艺美术与艺术的区别，工艺美术与社会生活、自然事物之间的关系有较深入的思考，对工艺美术的审美规律有非常深入的思考，成体系的设计美学著作尚未出现。

2. 设计美学建立的初级阶段

20世纪80年代初期至90年代中期，设计开始得到重视。这个历史时期，伴随着设计的发展，设计美学也迅速发展起来。设计的发展有着其独特的背景：此时计划经济逐渐解体，市场经济逐渐形成，技术是否先进影响着企业的市场竞争力，设计作为商业竞争的手段引起一些重视。社会生活方面，审美生活日益丰富，给个性设计发展带来了空间。高等教育中有了初步的设计审美教育，如湖南大学等创办了工业设计专业，艺术设计学首次出现在1998年教育部颁布的普通高校本科专业目录中，此间，"设计（学）"逐渐取代"工艺美术"，以"Design"为研究对象，在传统的工艺美学强调"善"的基础上，还强调"真"，包括技术、材质和工艺等的真实合理性。这一阶段在设计审美上基本区分了技术美与工艺美。

3. 设计美学的发展及现状

20世纪90年代开始，国内设计理论界对于设计美学的研究逐渐活跃起来。从目前的研究情况看，设计美学理论研究已从对于设计美学的基础理论，如对于设计的本质、规律、特征和设计形态学的本体内因论研究，发展到对于促动设计发展的外因转化论研究，如将其置于非常广泛的文化学术背景之下（文化学意义、人机工学、符号学、产品语义学、信息论、系统论、传播学、环境科学），且此种势头发展迅速，已在目前的设计美学研究界居于前沿地位。

进入21世纪，随着我国建设步伐的加快以及对设计内涵理解的加深与重视，学者们试图用"设计美学"来解决技术美学发展所面临的困惑。这个时期，设计审美教育伴随着设计地位的不断提高有了长足进步。当前市场经济有了高度的自由，设计有时甚至被企业视作生命，企业竞争也趋于品牌深化阶段。社会审美生活空前发展，国内的设计思想也紧跟国际步伐。2011年 艺术学科独立成为艺术学门类，艺术学门类成为新的学科门类。设计学成为一级学科，给设计美学发展带来机遇的同时也带来了挑战。期间许多高校与艺术或设计相关的专业都增设了设计美学这门课程，其虽然起步较晚，出版的书籍较少，理论内容也有待完善，但这些设计审美教育的教材却为我国高等院校设计美学学科的进一步发展奠定了坚实基础。

我国当代设计审美教育有两种倾向：一是偏重于美学理论的教育；二是偏重于设计实践。究其原因，大致可以归结为美学教育的历史原因和中国设计教育发展的不平衡。面对中国的设计审美教育存在的偏差和诸多亟待解决的问题，设计美学应当作为现代设计教育中的重要课题。在我国，设计教育尚处起步阶段，因此需要健全而实际的设计审美理论指导，以适应迅速发展的经济、文化形势。为了能给人们创造一个更加美好、舒适而合理的生活环境，需要培养更多高水平的艺术设计人才，同时也需要加强全民的设计意识，提高审美能力，学习西方已经成熟的设计教育经验。

三、设计美学学科的发展

设计美学在艺术设计学科建设中，是十分年轻的。1998年，国务院学位委员会才决定在研究生教育中增设"设计艺术学"研究方向，本科专业目录中，用"艺术设计学科"取代"工艺美术学科"。2011年原属文学门类的艺术学科从文学所属的四个并列一级学科中独立出来，即艺术学门类。艺术学门类下设五个一级学科，艺术学理论、音乐与舞蹈学、戏剧与影视学、美术学和设计学（可授艺术学、工学学位）。"设计学"因为"艺术学"获批成为我国研究生培养专业目录中的第13个门类而成为一级学科，设计美学学科是随着"艺术设计学科"的发展逐步出现和发展的。设计学的发展空间迅速打开。

短短二十几年，设计美学随着艺术学科不断延伸、强化，不断丰富和发展。由于现代设计在发展中受到现代哲学、艺术学乃至心理学等跨学科的影响，使得设计本身成为一门复杂的交叉性、多元化的学科，所以，基于美学范畴的审美评判标准也是复杂而多元的。因此，多元化、综合性以及复杂性是当代设计美学的特点，也是设计美学鲜明的时代特征。设计美学这门学科出现以前，我国美学界、设计界曾经出现过"劳动美学""工艺美学""技术美学""工业美学""劳动美学"等，这些概念都产生过一定影响，有的至今还在使用，这些也可以称为设计美学历史学科名称。其中"技术美学"使用的时间最长，也最具有影响力。

设计美学既是设计学的一个基础理论学科，又是美学的一个分支，是一门多元复杂的交叉学科（图1-1）。

设计美学不但是现代工业社会人们对设计普遍需要的产物，也是美学和艺术理论发展到当代社会，突出现实应用特征的必然。设计美学要处理设计与人、技术与艺术、形式与功能的关系：

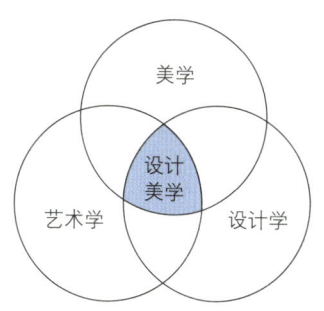

图1-1　设计美学是一门多元复杂的交叉学科

（1）设计美不以艺术中作品的美为评价标准，而是以设计与人的关系的合目的性为评价标准，即以设计产品是否满足主体的使用、是否与环境和谐等问题为评价标准。

（2）从技术与艺术的关系上表现为，设计与现代技术的发展是否能够满足人的需求，是否能够处理好材料、技术与审美的关系。

（3）功能与形式的方面表现为，设计是否能够适时保持功能与形式的和谐尺度。功能使用的愉悦也是设计美学的表现，设计不但要外形美观，还要满足使用者的便利性需求，所以不能以外观的美丑来衡量产品的优劣。

第二节　现代设计美学教育的发展及趋势

我国的设计审美教育不但要吸收传统文化精髓，也要借鉴西方的设计美学教育。我们的设计教育只有跟上时代的步伐，培养出大批优秀设计人才，才能真正推动"中国制造"走向"中国设计"。

一、"师夷长技"，借鉴西方设计美学教育模式

西方设计审美教育非常重视设计美学理论的研究，而且美学思想总会不断渗透到设计实践当中。古希腊的雅典教育制度中包括缪斯教育和体育，前者是进行综合性的文学艺术的学习，后者是身体健美和动作优美的训练。中世纪虽然是宗教的时代，但仍然利用宗教艺术，如建筑、雕塑、绘画和音乐等对人进行审美教育。文艺复兴的人文主义主张培养全面的完人，因此教育的科目中包括智育、美育、德育、体育等，音乐与图画对儿童的审美教育特别受到重视。18世纪，法国的启蒙思想家、哲学家、教育家让-雅克·卢梭（Jean-Jacques Rousseau）主张自然教育，反对理性的强制，他注重感觉在教育中的作用，尤其是触觉、视觉和听觉等。同时期，德国启蒙文学的代表人物、著名诗人约翰·克里斯托弗·弗里德里希·冯·席勒（Johann Christoph Friedrich von Schiller）的美育思想具有划时代的意义。他认为，一个人从自然的人到达道德的人必须成为审美的人，审美是感性和理性的对立冲突的解决，是人性的全面和谐发展和解放。

20世纪是西方机械美学时代，包豪斯的设计美学不仅影响了一代人的美学思想，而且是现代主义设计美学思想的精髓。

包豪斯（Bauhaus）是世界上第一所完全为发展设计教育而成立的设计学院，培育了一批现代建筑设计人才和工业设计人才，被人们称为"现代设计的摇篮"，它开了现代设计教育的先河，其知识与技术并重，理论与实践同步的教育体系至今影响着世界设计教育，对现代设计教育产生了难以估量的影响。包豪斯的设计美学吸纳了20世纪初期欧洲各国先进的设计思想，并通过实践教学，形成独有的设计美学思想。当时的机械美学观念渗透到包豪斯的教学理念中，净化的几何形不但能批量生产、降低成本，而且也在世界范围内树立起抽象审美的意识形态，对设计审美教育从手工艺时代发展到机械大生产时代，起到了至关重要的作用。从包豪斯的教学模式中可以看到，其美学理论的教学课程总是与设计实践相结合（图1-2）。至今，其教学体系仍然在德国及世界其他国家的设计教育院校传播、发展。

包豪斯的教育思想也影响了中国的艺术设计教育。1942年成立的圣约翰大学建筑系，一开始就引进包豪斯的现代设计教育体系，强调实用、技术、经济和现代美学思想，成为中国现代主义建筑的摇篮，开创了中国全面推行现代主义建筑教育的先河。它的影响不仅反映在圣约翰大学建筑系的人才培养上，也反映在一系列建筑作品上，包括"大上海都市计划"的制定。1951年，圣约翰大学解散，各系并入有关院校，包豪斯的教育思想和设计理论在同济大学得到延续。包豪斯的成功为我们提供了许多值得学习和借鉴的经验，其中最重要的一条就是：紧随社会进步，不断更新观念，积极创立新思维。

包豪斯对中国工艺美术的影响非常深远、广泛，田自秉先生在《工艺美术概论》一书中描述得十分充分："20世纪初的包豪斯工艺思想体系……主张艺术与工业结合。认为在工业十分发达的时代，应当利用科学成果，在工业技术的基础上，创造合乎功能的新的工艺美。机器产品虽然单调枯燥，但是机器只是工具，我们应当解决机器生产与艺术表现的矛盾，使设计、生产、经济得到有机的统一。包豪斯的工艺思想，重视现代材料、现代技术、现代结构的应用，并由现代工业直接创造美学价值，这对工艺美术创造、适应时代发展、结合生活需要、工艺美术新领域的开拓、工艺思维的启迪，具有重要的价值。"

二、吸收传统文化的精髓

中国传统文化是中华民族在古代社会形成和发展起来

图1-2　包豪斯纺织、玻璃、石雕工作室

的比较稳定的文化形态，是中华民族智慧的结晶，是中华民族的历史遗产在现实生活中的展现。中国古代丰富的设计文化中蕴含着深刻的哲学思想，研究它们可以间接了解各种哲学思想对设计的影响。原始社会的巫术不仅是人与鬼神的沟通与对话，也是人身体和心灵一种广义的审美教育。中国周代的六艺（礼、乐、射、御、书、数）则将美育纳入了关于人性塑造的教育体制之中。中国漫长历史中的教育主要是人文教育，除了经学的内容之外，还包括了诸子百家和诗词歌赋，这都兼有美育的功能。传统文人学士，还必须精通琴棋书画，这是专门的审美教育。

在中国众多美学思想派别中，最重要的是儒家和道家。儒道两家既互相对立又互为补充，奠定了整个中国古代美学思想的基础。儒家思想体系蕴涵着丰富的文化科学精神，主要体现在三个方面：一是凝聚之学，中国传统文化是内部凝聚力的文化，这种文化的基本精神是注重和谐，把个人与他人、个人与群体、人与自然有机联系起来，形成一种文化关系；二是兼容之学，中国传统文化并不是一个封闭的系统，尽管在中国古代对外交往受到限制，但还是以开放的姿态实现了对外来文化（如佛教）的兼容，这种"兼容"正是依靠儒家"和而不同"的精神实现的；三是经世致用之学，中国传统文化突出儒家经世致用的学风，它以研究天与人的关系为出发点，落脚点是修身、治国、平天下，力求在现实社会中实现其价值，经世致用是文化科学的基本精神。儒家需要建立一个整体的秩序，因此圣人感天地之道，建立人之道，达到天人的和谐。对于儒家思想来说，真、善、美就是统一的。

道家强调天地之道为生成，人之道为实现。"天人合一"即天与人之间发生的感应关系。《易经》中强调三才即"天、地、人"，并将人放在中心地位，这就说明了人的重要性。天之道在于"始万物"，地之道在于"生万物"，人之道在于"成万物"。因此天、地、人三者各有其道，但又相互照应、相互联系。道家思想认为一切秩序都是从"人"出发的，而各个"人"不同，因此没有什么绝对所谓客观的美。"道"是"大美"，天地万物之美正是"道"所化育产生的，体现无形大美，是道家美学的最高范畴，最终达到与天合的至美境界，是最高的审美境界。

儒、道文化形成独有的中国美学体系，其美学思想渗透中国古代设计的方方面面。从中国传统文化中吸取营养，对传统文化挖掘和探索，表现中国独有的设计美学，是设计美学教育最应该注重的。

中国传统文化历经五千年，积淀了丰富的民族文化素材，主要体现在汉字、传统精神、传统图形、水墨意境、传统手工艺等方面。从商周青铜器到汉代工艺品，从举世闻名的"唐三彩"到古朴优雅的宋代瓷器，从明式家具到清代苏绣，构成了中华民族的工艺历程。再看中国的绘画、书法、戏剧、建筑艺术、民间艺术，将中华民族几千年的文化底蕴体现得淋漓尽致。我们随处可见的中国古典建筑、太极图纹、画像石、金石篆刻、蓝印花布、木刻插画、脸谱文化、民间剪纸、装饰纹样、书法等，都是能反映中国特色的艺术形式（图1-3～图1-6）。

中国艺术既有高品位的中国文化内涵，又有符合世界潮流的崭新样式。只有真正了解了这些传统艺术才能在设计中反映中国传统文化精神。设计审美教育要加强中国传统文化艺术的研究、整理，从中吸取精髓，使之发扬光大。

三、发掘中华民族特有的美学思想基础

中华民族的哲学思想源远流长，学派众多，博大精深。中国美学主要是生命体验和超越的学说，讲究"天人合一"的自然与人的契合，它是生命超越哲学的重要组成部分。中国美学纯粹体验中的世界不是物质存在的对象，不是所谓"感性"，而是生命体验的真实。或者可以这样说，中国美学的重心就是超越"感性"，而寻求生命的感悟。不是在"经验的"世界认识美，而是在"超验的"世界体会美，将世界从"感性""对象"中拯救出来，才是中国美学思想的精髓。

在中国美学中，人们感兴趣的不是外在美的知识，也不是经由外在对象"审美"所产生的心理现实，它所重视的是返归内心，由对知识的荡涤进而体验万物，通于天地，融自我和万物为一体，

图1-3　高文清《太极鱼图》

图1-4　宋玉凤《扎染·远山》

图1-5　陈如阳《传统缠花设计》

图1-6　马路《剪纸·牛转乾坤》

从而获得灵魂的适意。中国美学追求的是身心的安顿，它并不在意一般的审美快感，而力图超越一般意义的悲乐感，所谓"纵浪大化中，不喜亦不惧"，在超越的境界中，获得深层的生命安慰。

在设计界，对中国传统哲学思想及美学的研究已经越来越普遍。许多设计大师都受到中国哲学思想及美学观念的影响，在他们的设计作品或教学中都可以清晰地看到中国思想的印记。如靳埭强擅长在海报设计中运用水墨，他的作品既有中国传统水墨的底蕴，也不乏现代设计的时尚，平面设计作品更流露出对中国元素的偏爱，具有水墨、书法元素及阴阳平衡的对称美，可谓是东方与西方互融，传统与现代共生（图1-7~图1-9）。

设计中用民族本土元素来表现民族性，或者用民族精神和文化精神作为表现手段，都是现代设计美学中运用中国传统美学思想的典型案例，如室内设计高空间、大进深，造型讲究对称，色彩讲究对比，装饰材料以木材为主等。现代传统美学风格的设计利用了后现代手法，把传统的结构形式通过重新设计组合，比如改善空间层次、简化视觉元素，以独特的民族特色标志符号出现，使室内设计融合了庄重与优雅双重气质。传统审美风格有了更多"呼吸"的余地，比如简化墙角和角线、简化装饰语言、简化设计元素，让视觉得以缓冲，也让整个中式家居的沉闷环境得到了延展。利用现代的空间理念可以使得中式空间更加舒缓，对于空间层次的重新构造加强了中式空间的现代味道（图1-10、图1-11）。

在中国传统美学思想的影响下，现代设计从实践中获取中国的设计美学理论，也就是要从中国独特的审美文化和哲学思想出发，结合现代设计的特征，建立具有中国特色的设计美学教育体系。

 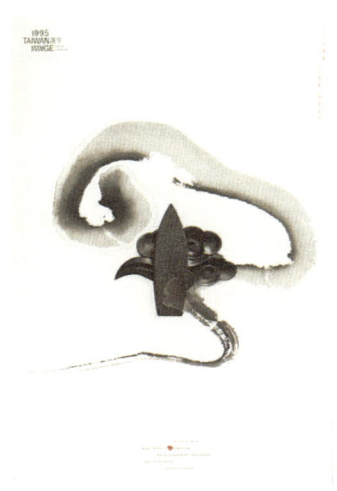 

图1-7　靳埭强"水墨画展"招贴　　图1-8　靳埭强《汉字-山》招贴　　图1-9　靳埭强"第三届亚洲艺术节"招贴

图1-10　舒缓的中式家居设计　　　　　　　　　　图1-11　现代审美风格的中式家居设计

结语

设计美学是在现代设计理论和应用的基础上，结合美学与艺术研究的传统理论而发展起来的新兴学科，它的研究对象、研究范围和具体应用等都有别于传统艺术学科。设计美学作为设计学科的一个理论分支，其理论与传统的美学艺术研究不同。因此，它不但在学科定位、研究对象和研究范围上有自身的特点，不完全照搬传统的美学理论，而且在现实应用中也有独特的要求。

设计美学不但是现代社会人们对设计普遍需要的产物，也是美学和艺术理论发展到当代社会，突出现实应用化特征的必然，探讨设计美学的学科定位问题，研究设计美学要注意以下几点：

（1）设计美学的产生是社会生产方式发展的现实需要。现代社会人们生活方式的突出特点是对生活质量的重视。随着人们生活水平的提高，社会大众的消费逐渐由物质性的追求转向精神性、文化性的追求，设计美学的诞生是人们生活方式发生变革的必然结果。

（2）设计美学蕴含在艺术介入技术的过程。现代设计的诞生是在工业技术发展的基础上，艺术与技术结合的结果，因此必须从技术和艺术结合入手学习设计美学。优秀的设计能够满足人的需求，要处理好材料、技术与审美的关系。

（3）设计美学要注重功能与形式的关系。现实功利性和审美形式同样重要，忽视了功能，设计的物质内涵会受到极大影响；同样，忽视了形式，等于无视人们对设计的审美需求。设计要能够保持功能与形式的和谐尺度，功能使用的愉悦是设计美学的重要表现。

（4）设计美学以设计与人的关系的"合目的性"为评价标准，即以设计品是否可以满足主体的使用需求、是否与环境和谐等问题为评价标准。传统美学非常重视审美活动中人的主体地位。虽然现代设计不能把这种主体性绝对化，但设计一定要强调"以人为本"的设计原则。设计美学所追求的最高境界是人与物、人与环境、人与自然的和谐，是人—机—环境的完美结合和统一。

（5）设计美学研究必须关注设计文化，设计审美最终是文化审美。

（6）设计美学必须关注现实审美观念的变化。要主动接受因技术变化导致的社会时尚、审美趣味等的影响。设计美学还要依托市场规律，市场竞争的法则也会造就设计的审美趣味。

艺术创新和创造是设计审美的要求，设计美学研究的目的就是创造性地解决人的需求——包括物质和精神需求，学习设计美学的最终目的是理解设计，并开发出优秀的设计品为人类服务。

由于每个人对美的事物的理解程度不同，就会存在审美差异，衡量美的标准是相对的，较高的设计审美能力虽然以一定的生理条件和心理条件为基础，但根本上是依靠日积月累的磨炼和多方面能力的培养。设计师应该在研究设计美学的理论基础上，加深艺术理论修养，投身于丰富多彩的设计实践，积累丰富的生活经验、美感经验，培养观察体验能力、想象能力、理解判断能力以及创造力，才能使设计审美能力得到不断提高。

本章思政与思考题

1. 简要梳理设计美学的学科建立过程。
2. 怎样理解设计美学的学科定位？
3. 设计美学的研究对象是什么？
4. 中国现代设计为什么要汲取中国传统美学思想？

第二章　中西方设计审美的发生与发展

本章概述

本章简要梳理了中国古代设计审美变迁和西方近现代设计审美的发展过程,并简要概述西方现代设计、后现代设计审美特点。简要分析中国古代设计哲学与自然哲学的关系,设计审美与当时的社会思想文化和美学观念的联系;西方现代主义设计追求为大众设计、诚实、形式追随功能的设计审美,后现代主义设计包容万象,其开放的设计观,为满足、符合人的行为、情感多方面需要提供了新的视角。

学习目标

通过本章学习,学生能够了解中国和西方各个历史时期的设计审美发展,重点掌握中西方各个历史时期的设计审美特点,并理解社会思潮、经济发展等因素对设计审美的影响。

第一节　中国古代设计审美发展

中国古代丰富的设计文化中蕴含着深刻的哲学思想。审美的历史如同艺术的历史一样,研究它们可以间接了解各种哲学思想对于设计的影响程度,设计审美学习既要继承历史传统,也要体现民族精神,包括伦理观、道德观、人生观、审美观和价值观。设计审美教育要加强传统文化艺术形式的研究,从中外文化中汲取营养、获取精髓,更好地在设计中表现出来。

纵观设计发展史,可以发现审美观念和物质生活发展的相互推动关系,提高自身艺术素养、审美能力和创新精神领域的发展水平,特别是树立"文化自信"。

一、审美意识的萌芽

远古时期,我们的祖先已经踏上了漫长的设计之路,根据考古发现当时的人类已经逐渐感知和把握了一些美的基本规律,如对造型和外观的认知。审美意识在漫长的历史进程中逐渐丰富起来,器物创造也从追求纯实用性逐渐过渡到追求实用性和外形美的结合。

最初石器作为敲击、砍砸、刮磨和切割的工具,是通过打制实现的。到新石器时代,通过对石器的加工,人们获得对于器具形式和功用关系的感知。新石器时代中晚期,中国东部玉器发展较快,辽河流域的红山文化和太湖流域的良渚文化,代表了这一时期的玉器成就。在南方大墓(如江苏武进寺墩、上海青浦福泉山、浙江余姚等地)的随葬品中有几十件玉琮和玉璧(图2-1、图2-2),证明玉器已成为炫耀墓主人超凡的能力、表示墓主人权威身份的象征。从实用的劳动工具转变为"黄琮祭地、苍璧祭天"的礼器、祀神器,说明了原始社会里装饰观念正在发展。

 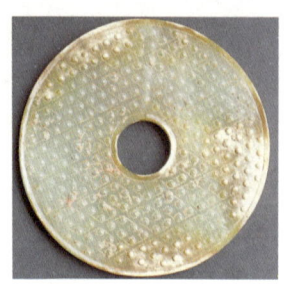 

图2-1　玉琮　　　　图2-2　玉璧　　　　图2-3　原始社会时期彩陶的纹样

陶器的出现是新石器时代的主要特征之一。陶艺的发展、陶器制作工艺的丰富也体现了中国艺术设计观念的形成。陶器设计具备了兼有物质文化和精神文化不可分割的双重性特征，那些丰富多样的装饰图案既是创作者自身情感和意念的表达，也为使用者提供了欣赏的对象，从陶器形式、装饰纹样都可以体现视觉观念形成的过程。可以看出，原始人的审美观已基本形成，如在造型艺术中讲究对称、均衡、比例、线条、色彩等，这是原始先民们对自身结构和各种动植物结构细致观察的结果。在他们的艺术作品中，融入了他们为生存而激发出的全部感情，体现出生命的本能、生活的理想和原始文化的底蕴（图2-3）。

原始器物具有非常丰富的装饰纹样，是物质与精神双重属性的统一体。原始文化的另一个重要组成部分——巫术礼仪则直接形成了原始的图腾崇拜。自然崇拜、万物有灵观、图腾信仰、生殖崇拜、祖先崇拜等都对原始艺术发生着深刻影响。虽然巫术礼仪并不是一种直接审美行为，但在客观上留下了大量神话传说和巫术礼仪器物，这些传说及器物都是原始审美的源泉。人类意识中开始有装饰美化之初，这种行为更多是原始人类趋利避害的宗教心理，但是从长期装饰艺术倾向及劳动工具和劳动产品的造型构思及表现效果来看，已经初步掌握了整齐一律、对称平衡、符合规律、和谐统一等形式美因素运用技巧，设计审美得到较为完善的表现。如马家窑文化的彩陶器多采用曲线构图，漩涡纹、锯齿纹、网格纹、平行线纹、同心圆纹、水波纹等，这些纹饰是当时先民对居住环境中所见的具体实物的如实表达、感想发挥。马家窑彩陶上画有大量的水波纹，那是泛神论时期先民对水的歌颂和赞美。由于先民对浩大、洪猛的水无法驾驭，但又离不开它，自然而然对水产生了敬畏、依恋和崇拜（图2-4）。

二、先秦至两汉的设计审美

先秦至两汉是我国设计美学形成的基础阶段，许多设计美学观念在这时开始形成。诸子的美学思想为设计美学提供了重要的引导，具有中国特色的传统设计也逐渐形成，后世的很多美学观念都延续了这个时期的思想。理论

图2-4　马家窑文化漩涡纹彩陶器

上较为突出的成就是设计典籍《考工记》的出现。

美学方面，理性精神显著高涨，以孔孟为代表的儒家，以老庄为代表的道家，以及墨、法等各不同派别的学说渗透到美学思想中产生了不同的审美主张。诸子在"功能"与"形式"的关系问题上也做了大量论述。孔子要求内容与形式的统一，避免粗野或浮夸，"质胜文则野，文胜质则史，文质彬彬，然后君子"；老子更加抽象地提出了"有"与"无"，"利"与"用"之间的关系；庄子也赞成老子的"无为"，反对装饰、雕琢，崇尚返璞归真的艺术原则，"天地有大美而不言"；墨子进一步强调了实用功能，反对浪费侈靡。"先质后文""衣必常暖"等，诸子对美的见解虽各异，却都从不同角度否定了文、饰、言（也就是所谓的"外在形式"），或者至多把它们作为质、实、意（也就是内容）的附属物。

先秦到两汉，工艺技术不断进步，工艺设计的门类也越来越多样，工艺设计作品的样式逐渐丰富，风格逐渐多样，每个历史时期都有典型的代表。夏商周时期是青铜器产生、发展、繁荣的时期；青铜器产生伊始，多为生产工具，以实用为目的，做工粗糙、纹饰简单。例如鼎，最初出现并不蕴含太多的文化意义，只是一种用于盛放食物的容器。后来夏禹铸造九鼎，以鼎象征国家、王权，被人崇拜。商周时期是鼎文化最为繁盛的时期，铸鼎技术成熟，鼎的造型更加宏伟，鼎也不再是简单的容器，商时期青铜器逐渐被"神化"。到了周代，就有所谓"天子九鼎，诸侯七鼎，卿大夫五鼎，元士三鼎"等使用数量的规定了。随着这种等级、身

份、地位标志的演化，鼎逐渐成了王权的象征、国家的重宝。统治者往往以举国之力来铸造大鼎。被视为传国重器、国家和权力象征的"鼎"，成为"钟鸣鼎食"礼仪身份的代表。作为礼器，鼎的工艺造型和纹饰艺术体现了那一历史时期人的审美意识和精神。美学家李泽厚认为，中国青铜器以其"特有的三足器——鼎为核心代表，器制沉雄厚实，纹饰狞厉神秘，刻镂深重凸出"，充分体现了我国青铜艺术成熟期的审美价值（图2-5）。

战国时期，青铜器的使用范围已拓展至生活的各个领域。比如这一时期重要的设计器物——铜灯，发展至汉代达到鼎盛，其中虹吸灯的设计水平极高：虹吸灯有虹管，灯座可以盛水，利用虹管吸收灯烟送入灯座，使之溶于水中，以防止室内空气污染，长信宫灯、雁形灯、牛形灯都是虹吸灯代表性设计作品（图2-6）。

在工艺方面，这一时期不但建筑和陶瓷技术进一步发展，漆器工艺也逐渐成熟，已运用到了日常生活中，并部分取代了青铜器。漆器表面的图案装饰逐步多样化，有些漆器采用了造型优美的车、船的形状，生动而富有生活情趣。春秋、战国时期漆器发达，漆器外观灿然华美、流光溢彩，细节精妙

图2-5　鼎

图2-6　虹吸灯——汉代雁形灯及长信宫灯

绝伦，拥有堪称巅峰的技艺和美学装饰，这些设计工艺的发展对当时的设计美学观念的发展也有巨大影响，极具美学价值研究意义（图2-7）。

秦汉的设计审美有着根本不同：秦汉文化传统不同，秦继承中原周文化的朴实；汉为楚国之后，而楚文化对宇宙充满了奇异幻想，富有浓厚的浪漫主义色彩。通过同为陵墓雕塑的秦始皇陵兵马俑（简称秦俑）（图2-8）与汉代霍去病墓前的马踏匈奴石雕（图2-9），可以看出秦俑是极具写实风格的，有"致广大，尽精微"的艺术特点，而汉代陵墓雕塑，循石造型，大起大落，不做细节刻画，充分体现了汉代刚健质朴的审美特点。

两汉时期，政治、思想、经济等都发生了巨大变化，这时的美学先后分成两个阶段，即汉初推崇"无为"的道家美学和汉武帝以后"独尊儒术"的儒家美学。儒家思想自汉确立为中国的传统主流思想，被汉朝的美学家们继承和发展起来，比较典型的命题是"文质彬彬"，讲究的是"文和质"适中的配合，对于设计品来说，审美外观已经和实用功能同样重要。

三、魏晋六朝至唐宋的设计审美

魏晋南北朝至宋代是中国设计美学逐步繁荣的阶段，各个朝代的审美观念具有明显的时代特色，魏晋时期的设计审美简约超俗、清新健美；唐代的设计则崇尚丰满华丽之美；宋代的艺术与设计体现了平淡的理性审美风格，这些艺术观念的形成与当时的思想文化和美学观念有千丝万缕的联系。

1. 魏晋时期设计清新简约

魏晋南北朝是我国历史上的一段动乱时期，很多文人雅士厌烦战争，选择玄学清议、寄情山水的出世生活，以风雅自居。这一时期玄学的兴起、道教的发展以及佛教的传播，使艺术上呈现出明显的宗教色彩。人们对于个体生命的关注以及对"生与死"的思考超越了之前的任何一个朝代，形成了"羽化而登仙""事死如事生"等超然思想。这一时期以儒学为主体的文化模式被打破，文化生活开始朝多元的方向发展，在哲学领域，玄学流行，崇尚清淡，所表现在设计器物上，具有玄虚、恬静、超脱的特色，"简约、超然绝俗"是宗白华先生对魏晋南北朝时期美学的概括。宗教建筑、石窟艺术、壁画等艺术形式是这一时期艺术设计的突出代表，园林和建筑也有突出成就，瓷器在这个时期同样得到长足发展，"清秀、空疏"是魏晋时期的艺术特点。

据史料记载，魏晋时期的青瓷羊主要产于浙江省慈溪市上林湖一带，这是我国著名的越窑青瓷发源地之一。如图2-10所示的青瓷羊尊，带有"甘露元年"（公元265年）铭文，于江苏省南京市清凉山公园吴墓出

图2-7 秦汉漆器（秦代彩绘凤鸟纹漆圆奁、西汉漆盛酒器）

图2-8 秦始皇陵兵马俑

图2-9 马踏匈奴石雕

图2-10 青瓷羊尊

土，这只青瓷羊身躯肥壮，腹部两侧刻画双翼，下有四蹄作跪伏状，昂首而卧。釉色青绿，晶莹滋润，新颖优美的仿生造型，是当时社会现实生理反应在艺术领域的表现。

魏晋时期的审美观念具有超然、绝俗的特点，在设计上这种人性自觉的精神状态在园林及人物造像和器物设计上都具明显的时代特征，对设计艺术的追求不再拘泥于外形的相似，在设计美学上为内在精神的体现。魏晋南北朝是最富有艺术精神的时代，是中国美学的理论建构时期，由先秦以来特别是汉代后期的重善轻美的传统变为重美轻善，此时是中国古典美学的民族特色与文学艺术相结合的关键时期，是中国古典美学发展史上具有历史意义的转折点。

2. 唐代设计华丽灿然

唐代美学具有新的时代精神与人文精神。

从手工业繁荣的形势看，这个时期是中国封建文化的成熟时期，出现了中外文化科技交流的高潮。中国的艺术设计也得益于外来文化的滋养，并且以自己的优秀文化成果影响着周边的国家和地区，对世界文明的发展产生了巨大的推动力。

由于唐代设计审美艺术风格具有博大、清新、华丽、丰满的特点，可用"满"字形容；且它富于情趣，也可用"情"字形容。具有代表性的工艺品是唐三彩，从目前出土的唐三彩来看，它始于唐高宗时，盛于开元盛世，天宝以后逐渐衰落。唐三彩是在综合东汉以来的绿釉和黄釉陶的基础上，又引进波斯蓝釉技术创烧而成的低温铅釉陶，蓝釉出现于盛唐时期，其氧化呈色金属主要是钴。唐三彩中蓝釉的出现，是此后中国瓷器使用青花釉料的先导。唐三彩产量大，质量高，三彩俑生动传神，釉色自然垂流，互相渗化，色彩绚丽，呈朦胧之美，艺术水平很高（图2-11）。唐代女装也是比较典型的代表，唐代女装偏重于在领子上下功夫，有圆领、方领、鸡心领、斜领等样式。袒领的出现展示了妇女的风韵，反映了当时的审美情趣和开放的思想（图2-12）。

唐代金银器的设计也具有饱满华丽的特点，数量众多、类别丰富、造型别致、纹饰精美。金银器别致的造型和精美的纹饰给人以强烈而愉快的审美体验。唐朝是丝绸生产的鼎盛时期，无论产量、质量和品种都达到了前所未有的水平，纬锦的出现是唐代织锦技术上一次非常重要的进步，织锦纹样华美艳丽，体现了大唐盛世的清新雄健之风。金银器与织锦设计都体现了唐文化艺术的雄健、华美和自然秀颖（图2-13、图2-14）。

进入隋唐，垂足而坐成为一种趋势，高型家具迅速发展，并出现了新式高型家具的完整组合。典型的高型家具，如椅、凳、桌等，在上层社会中非常流行。受到外来文化的影响，唐代家具的装饰风格摆脱了以往的古拙，取而代之的是华丽润妍、丰满端庄的风格。五代时，家具造型崇尚简洁无华，朴实大方。这种朴素的内在美取代了唐代家具刻意追求繁缛修饰的倾向，为宋式家具风格的形成树立了典范。

3. 宋代设计平淡天真

宋代美学广泛吸纳各种学术思想，以儒家为主，批判吸收禅学和道家美学思想。在深化与建构中，宋代美学创造了新的辉煌，具有鲜明的审美特征。

宋代美学的总体特点是面向现实人生，高度重视生活情趣，情感自然地流

图2-11 唐三彩

图2-12 唐代名画中所展现的唐代服饰

图2-13 唐代金杯

图2-14 唐代织锦纹样

露和表现，不强调宫廷艺术的富丽堂皇、雕琢伪饰，提倡"平淡天然的美"；以程颐、程颢、朱熹等理学家为代表，提倡客体化的、具有伦理道德性质的"理"，这些都对宋代设计审美产生重要影响。

宋代文人美学对纯朴淡雅的追求对宋代瓷器产生了相当大的影响。宋瓷，不只是盛东西的物件，而是上升到精神层面的一种文化。宋瓷审美是美学史上一个划时代的转变，以单色釉的高度发展著称，其色调之优雅，无与伦比，成为一种新的视觉欣赏形式和艺术载体（图2-15）。宋代对于朴实的审美追求并不影响宋代工艺技术的发展，如宋代的丝织工艺较之唐代有更大发展，有"千室夜机鸣"的记载。丝织品种类较前代也有很大发展，如锦、绮、纱、罗、绉、绸、绢、绫等，样式设计以轻淡自然与端庄为突出的时代风格，纹样及配色深受时代审美思想的影响。其中缂丝比唐代更加创新，灵活运用长短戗，以长短不同且色纱不同的丝线相互穿插缂丝，"通经断纬"不断变换纬丝色彩，疏密处理上更为灵活（图2-16）。

宋代建筑风格趋于秀丽多样，在建筑布局和造型设计上出现了新手法。北宋的汴京已有沿街设店的方式，有利于商业和手工业的发展。宋代木构架建筑采用以"材"为标准的模数制和工料定额制，建筑设计施工达到了一定程度的规范化。宋代砖石建筑达到了新水平，如著名的杭州六和塔（图2-17），砖构塔身的柱子和斗拱等均仿木构建筑形式，四周廊子铺有踏磴，可通顶层。每层廊子两侧都有壶门，内通小室，外通檐廊。塔内所有须弥座上，有砖雕神人、飞天、花卉、鸟兽等图案，与《营造法式》所载如出一辙，是我国建筑史上珍贵的实物资料。其他如苏州虎丘云岩寺塔（图2-18）、开封繁塔、芜湖黄金塔也都是仿木楼阁式砖塔。

北宋时期将作监李诫组织编撰的《营造法式》，是由官方颁行的一部建筑设计学著作，记载着宋代建筑的制度、做法、用工、图样等珍贵资料三十六卷。这是中国古

图2-15　宋代汝窑青瓷

图2-16　宋代朱克柔缂丝

图2-17　杭州六和塔

图2-18　苏州虎丘云岩寺塔

籍中最完整、最具有理论体系的建筑设计学经典，它融人文与技术为一体，不仅标志着我国古代建筑技术已经发展到了一个新的水平，同时也是中国古代设计思想理论发展的重要里程碑。而且，还形成了现代中国的"营造之学"，魅力无比。《营造法式》是我国古代建设科学艺术的代表性典籍，对研究中国建筑，理解其理念和精神有着深远的意义。

四、明清时代的设计审美

在明代的设计作品中，最有代表性的是家具设计（图2-19），并形成了富有鲜明民族风格的"明式"家具。明式家具在继承宋代家具传统的基础上，发扬光大，特征鲜明，魅力无穷。明式家具的设计者大多是文化气息甚浓的文人雅士，家具的造型优美、稳重、简朴，各组件的比例讲求实用与审美的一致。明式家具的结构源于建筑学的梁架结构，各部件间采用榫卯连接，显示出高超的制作工艺。明式家具在造型上，讲究物尽其用，强调家具形体线条优美、明快、清新，整体线条一气呵成，在细微处有适宜的曲折变化。明式家具注重委婉含蓄，干净简朴，体现了虚无空灵的禅意。明式家具在选材时追求天然美，巧妙地运用木材天生的色泽和纹理之美，而不做过多的雕琢，实现了形式与功能的完美统一，体现了文人的审美特征。

明式家具是一种简洁、宁静、清秀、自然的美学风格集大成者，正是这种特定的审美理想，使文人士子们"不爱金玉之卮，而喜土瓮瓦砚"，进而把古雅平淡之美与真善相连，将审美理想导向人格道德的升华，如图2-20所示，展现的是具有出世情怀的文士书房，他们思想活跃，崇尚自然，讲究"精雅"，这些设计审美需求，给明式家具注入了闲适淡雅、随遇而安的文人审美内涵，对明式家具风格形成起到了推波助澜的作用。

明代的造园艺术是文人写意山水模拟的典范，是综合艺术的呈现，在世界造园史上有其独特的历史地位和价值。明代园林运用了写意山水的高超艺术手法，蕴含浓厚的中国传统思想和文化内涵，是展示东方文明的造园艺术典范。明代园林设计建筑类型齐全，设计完整，巧妙地运用了种种造园艺术技巧和手法，将亭台楼阁、泉石花木组合在一起，模拟自然风光，创造了"城市山林""居闹市而近自然"的理想空间。明代园林建筑的布局、结构、造型、风格、色彩以及装修、家具、陈设等各个方面，是明清时期江南城市的建筑格调，带动民间建筑的设计、构思、布局、审美以及施工技术进一步发展，且向文人审美靠拢，体现了当时的城市建设成就和艺术审美水平。明代园林在美化居住环境，融建筑美、自然美、人文美为一体等方面达到了历史的新高度，在中国乃至世界园林艺术发展史上具有不可替代的地位（图2-21、图2-22）。

清代，从整体上看，工艺设计特点是繁复精巧，在装饰设计上，官家的家具追求富丽堂皇、华贵气派的效果，多用雕镂、镶嵌等多种手法，形成了清代设计的审美。工艺设计品种不仅得到了极大的发展，在工艺技术的综合运用方面也具有时代特色，同时吸收外来文化。制作上采用多种材料和技法，制作精巧，追求奇特、繁缛绮丽的形式（图2-23、图2-24）。

明代资本主义萌芽、商品经济的繁荣、近代科技的萌发，使品位高雅的文人群体投身到器物的设计和审美之中，这不仅赋予了器物以文人气质和文化内涵，也沉淀了明代特有的美学特质。清代一方面对明代美学的自然清雅、抒发性灵的审美意象进行了进一步的探讨；另一方面也别出心裁，在形象塑造、新技术、新思想方面大胆开拓，体现了清代独特的设计思想和审美特征。

明清时期，在艺术各个领域都涌现出一些具有总结性的、有关艺术的审美特征和创作问题的著作。如宋

图2-19　明式家具　　　　　　　　　　　　　　　图2-20　文震亨书房陈设复原示意图

图2-21　明代园林代表

图2-22　苏州园林设计

图2-23　清代乾隆时期的金瓯杯　　图2-24　清代乾隆粉彩镂空转颈瓶

应星的《天工开物》、曹昭的《格古要论》、文震亨的《长物志》、屠隆的《考盘余事》等，皆传达了器以载道的思想情怀，援古创新，继承发扬，体现了开物工巧和齐物思想的设计审美，这些内化的设计思想和审美追求，正是引领设计审美文化发展，光华当今设计内在气质的智慧源泉。

小结

中国古代设计美学没有形成系统的理论体系，也没有专门研究设计的美学家和著作，但这并不能否定中国古代设计美学思想的存在。在我国传统的学科分类史上，设计学当属技艺门类，通常称其为"类"。唐代欧阳询等编撰的《艺文类聚》是现存最早的一部完整的官修"类"书，宋《太平御览》共1000卷，其中有"工艺部""器物部""舟部""车部""珍宝部"等"类"部，都对当时的设计制作方法与准则进行了详尽阐述。成书于清康熙年间的《古今图书集成》是我国现存最大的一部"类"书，有10000多卷，其中，考工诸典诠释材料非常丰富，分类详细得体。从这些"类"书中我们可以寻觅到分属技艺门类的古代设计学科的确凿位置。

总的来说，各个朝代的古代设计作品所体现的审美内涵，其观念的形成与中国儒道文化有着不可分割的联系。中国古代美学的理论基础，是由相互对立而又相互补充的儒道美学所构成的，加上禅宗对文艺和美学的影响，形成了中国独有的设计美学观念。中国古人对于物的审美往往比表面丰富，这种心境与自然融合，与"道"同行的境界是审美的最高境界。

无论是中国儒家美学中的"和"，还是道家美学中的"道"，都体现着中华民族对"天人合一"的艺术美追求和独特审美标准。传统哲学和艺术直觉方法讲"体物"，因此从不脱离人谈"造物"，也从不把物质生产与精神生产分开，而"就物论物"，避免了物质与精神的对立，从而做到和谐统一，这正是中国造物观的精神所在。

第二节 西方设计审美发展

根据生产力发展过程中生产方式的不同，我们把西方设计审美划分为设计审美的萌芽时期、设计审美的手工艺时期和设计审美的机器生产时期、设计审美的信息化时期四个时期。

设计审美的萌芽时期，是指从人类直立行走到新石器时期的这段时间。在这个阶段人们在创造劳动工具的同时，对设计美的形式也逐渐有了认识。这一时期的设计活动是人们在改造自然的劳动中不自觉的行为，其审美取向表现为不自觉性。

设计审美的手工艺时期，是指从设计审美的萌芽时期到人们在使用机器进行生产之前的这段时间。这个时期人们对美的认识逐渐丰富起来，手工艺技术大发展，产生很多优秀的设计艺术作品。这是西方手工艺的辉煌时期，也是西方设计美学发展的成熟期。

设计审美的机器生产时期，是指进入工业时期后，人们发明并运用机器进行机械化生产时期。这个时期，设计和生产的分工已经非常明确，设计作为独立的部门分离出来，提倡适应大机器生产的技术美学，设计美学也作为独立的学科确立起来。

设计审美的信息化时期，大约从20世纪50年代中期开始，其代表性象征为"计算机"，主要以信息技术为主体，重点是创造和开发知识。这个时期的设计是从有形的物质产品创造向无形的信息创造价值的新阶段转化，也就是以物质生产和物质消费为主，向以精神生产和精神消费为主的阶段转变，这个时期以传播美学为主，同时提倡参与美学、服务美学和综合美学。设计审美多元化。

以下详细介绍前三个时期。

一、设计审美的萌芽时期

人类审美的发展是沿着发现形体—改造物体形态—塑造器物形态的过程进行的。在设计产生的初期，"功能"是设计的主角，从这一时期的器物造型中可以看出设计美学的发展取向是围绕着"功能"这一中心进行的。

陶器的出现是古代设计艺术发展的一大飞跃。人们已经从发现、认识造型阶段发展到有意识的再现和塑造形体的阶段。陶器的创造不仅满足生活的需要，更重要的是人类开始创造出对象，其通过改变泥土的物理性质得到新的储存器物，这是人类历史性的飞跃。在设计审美上，各个时期陶器的纹样显示出不同历史时期、不同地域的文化符号特征，例如新石器时代早期东南欧陶器造型多为赤陶小塑像，其大胆夸张、热烈奔放，与宗教仪式和祭祀礼仪密切相关；新石器时期两河流域的彩陶纹样多彩刻纹，器型丰满、装饰华美。考证可以看出陶器具有携带文化符号、传播文化内涵的作用。所以，从人类设计审美萌芽期开始，设计审美与文化的关系就息息相关了。

二、设计审美的手工艺时期

从新石器时代之后到机器生产时代（以1765年瓦特改良蒸汽机为代表）来临之前的这段时间，被称为手工艺时期。设计的过程也是生产的过程，随着手工艺的不断发展，人们的审美意识逐渐深化，艺术门类分化越来越细致，设计美学进入发展、繁荣的时期。这段时间出现了很多美学家和哲学家，他们的美学理论一直影响着西方设计美学的发展，并对西方设计理念产生了巨大影响。

1. 古希腊、古罗马时期的设计审美

古希腊、古罗马时期的艺术和设计是西方设计艺术的源头。在这个时期，人、劳动工具和技术统一在工艺过程中，并有机联合在一起，所以凡是可凭专门知识学会的工作都称为"艺术"。

希腊哲学家们提出的关于美的本质和审美标准、美和善的关系、实用与审美的关系等理论，成为西方设计美学建构的理论基础。西方设计美学与中国设计美学的根本不同在于各自审美观念理论基础的差异，古希腊设计审美一是基于科学的理性思维方式；二是对神的追崇。

古希腊审美理想主要体现在建筑和雕塑上。古希腊建筑风格的特点主要是和谐、完美、崇高，这些风格特点集中体现在神庙建筑上，是古希腊乃至整个欧洲最伟大、最辉煌、影响最深远的建筑。"柱式"这一建筑古元素是希腊建筑的典型特征表现。古希腊建筑艺术风格主要体现在柱子、额枋和檐部的形式、比例及相互组合上，由此形成了相当稳定的程序化工作方法，并称为"古希腊柱式"（图2-25）。多立克柱式（Doric Order），是一种没有柱础的圆柱，直接置于阶座上，由一系列鼓形石料一个挨一个垒起来的，简单厚重、粗壮宏伟，是男性审美。爱奥尼柱式（Ionic Order），比较纤细轻巧并有精致的雕刻，上细下粗，沟槽较深，柱头由装饰带圆形涡卷所组成，涡卷上有顶板直接楣梁。其轻松活泼、自由秀丽，带有女性气质。科林斯柱式（Corinthian Order），追求精细匀称，比爱奥尼柱更为纤细、豪华富丽。柱头是忍冬草形象，有学者认为是毛茛叶纹装饰，叶层叠交错环绕，并以卷须花蕾夹杂其间，像是一个筐篮被置于圆柱顶端。柱头图案呈环绕状，适应各种观赏角度。

陶瓶的设计是古希腊人对西方设计的贡献：早期克里特岛的陶器外形独特，没有上釉，素坯上以深红褐陶土粗描图纹，多数以海洋或自然界所见生物为主题。造型写实、拙朴的风格中透露出幽默感，是古希腊陶器的始祖。

古希腊陶器的巅峰期（公元前700至前480年）是黑绘式风格的制陶期（图2-26），在底色上用黑色块或黑线条绘制，成为古希腊陶器的最大特色。经典期（公元前480至前322年）的古希腊陶艺技术有了更大突破，即红绘的发明，是把人物或主题的背景全部抹黑，剩下主题部分不涂，使主题呈现出陶器原有底色。此时的作品既烦琐又华丽，壶型也变化多端，壶上绘的有当时的风俗民情，也有许多神话传说，其色泽鲜明，简直是古希腊人在陶艺史上最大的贡献。

白底彩绘风格（图2-27）流行于公元前5世纪后半期的希腊各地。先在陶器上刷一层含铁成分较少的石灰水，然后用各色色料绘饰。用黑色勾线，器皿烧成以后彩绘，但是颜料没经高温处理，容易脱落，一般绘制得自由草率，器型多为香油小瓶，用来装化妆品，也有祭葬用物。

古罗马设计继承了古希腊设计的辉煌成就，并进一步向前发展，创造了光辉的设计成就：手工艺产品开始实现了批量生产的可能，并逐渐成为生产的趋势。进而设计与生产开始逐渐脱离，出现专门从事设计的设计师。在家具设计方面，古希腊家具设计对古罗马的影响依然十分明显，但古罗马家具的发展也有其独特之处，比如青铜家具大量出现。在铸造工艺上，古罗马家具已经相当高超，家

图2-25　古希腊柱式（从左至右）依次为："多立克""爱奥尼""科林斯"

图2-26 古希腊黑绘式陶瓶

图2-27 古希腊白底彩绘风格陶瓶

具弯腿部分的背面被铸成空心，制作技术也越来越精湛。

古代罗马建筑是建筑艺术宝库中的一颗明珠，它承载了古希腊文明中的建筑风格，凸显地中海地区特色，同时又是古希腊建筑的一种发展。古罗马在公元前2世纪成为地中海地区强国，与此同时，罗马人也开始了罗马的建设工程。到公元1世纪罗马帝国建立时，罗马城已成为与东方长安城齐名的世界性城市。其城市基础设施建设已经相对完善，城市逐步向艺术化方向发展。罗马建筑与其雕塑艺术大相径庭，以建筑的对称、宏伟而闻名世界。古代的罗马人非常喜欢用框架结构制造建筑，罗马人较希腊人更喜欢宏大的场面。古罗马的建筑更加雄伟壮观，如巨大的角斗场和万神庙等（图2-28、图2-29）。古罗马建筑的类型很多，除了万神庙、巴尔贝克太阳神庙等宗教建筑，也有凯旋门、纪功柱和以皇帝名字命名的广场、神庙等纪念性建筑，还有皇宫、剧场、角斗场、浴场以及广场和巴西利卡（长方形会堂）等公共建筑。居住建筑有内庭式住宅、内庭式与围柱式院相结合的住宅，还有四五层公寓式住宅。

古罗马世俗建筑的形制相当成熟，与功能结合得很好。例如，罗马帝国各地的大型剧场的观众席平面呈半圆形，逐排升起，以纵过道为主、横过道为辅。观众按票号从不同的入口、楼梯，到达各区座位。人流不交叉，聚散方便。舞台高起，前有乐池，后面是化妆楼，化妆楼的立面便是舞台的背景，两端向前凸出，形成台口的雏形，已与现代大型演出性建筑物的形制很相似。古罗马多层公寓常用标准单元，一些公寓底层设商店，楼上住户有阳台。这种形制与现代公寓也大体相似。从剧场、角斗场、浴场和公寓等形制来看，当时建筑设计这门技术科学已经相当发达。

古罗马建筑能满足各种复杂的功能要求，主要依靠水平很高的拱券结构，获得宽阔的内部空间。古罗马建筑艺术成就很高，大型建筑物风格雄浑凝重，构图和谐统一，形式多样。罗马人开拓了新的建筑艺术领域，丰富了建筑艺术手法。古罗马建筑师维特鲁威乌斯（Marcus Vitruvius Pollio）在《建筑十书》中论述了造物活动中美和功用的关系，并提出建筑的基本原则是"坚固、适用、美观"。古罗马建筑在欧洲一直是学习的范例，这种现象一直持续到20世纪二三十年代。

2. 中世纪的设计审美

公元476年，西罗马帝国灭亡标志着欧洲奴隶社会的结束，封建制度逐步确立起来。这段时期由于战乱、经济衰落等各种原因造成了文化发展缓慢。在长达近千年的历史中，欧洲封建国家的基督教会在思想意识的各个领域占有绝对统治地位，支配着中世纪文化艺术和社会生活的各个方面。教会享有文化教育活动的特权，世俗文化教育，

图2-28 罗马角斗场

图2-29 万神庙

特别是艺术和文学遭到扼杀,中世纪艺术和设计进入一段昏暗的历史时期。

中世纪宗教的长期禁锢也影响着设计艺术倾向于精神性的表现,设计越发超脱世俗,设计的目的也更加直接地为基督教统治服务,各种形式的大型宗教建筑在各地大量修建。

另外,中世纪的书籍主要以传播基督教文化为宗旨,当时的印刷术尚未发明,教会为了向教徒宣传教义,在许多修道院里成立了学术和艺术中心,负责手抄本的传抄和装帧。这时的纸张制造技术还未从中国传到欧洲,人们主要运用十分珍贵的羊皮纸进行书写,书籍在那时非常贵重,是贵族统治阶级享用的东西。中世纪的书籍装帧集合了黄金浮雕、珠宝镶嵌、象牙雕刻、字体装饰以及绘画艺术等各种形式。

中世纪后期以手工生产为基础的早期资本主义开始出现,中世纪商业发展,向专业化演进,进而设计的专业化逐渐建立起来。在西欧发达的都市,如佛罗伦萨、威尼斯、纽伦堡等地,大型工厂发展起来,以满足宫廷、教堂和富有的商人对于高档产品的需要。虽然传统手工仍是主要的,但它们已更加专业化。这些城市手工艺人所生产的不少作品都具有很高的水平,艺术家与手工艺人之间的界限还是很模糊,他们的差别仅在于发展的程度不同,而其训练和技艺的基础是相同的。这些都为即将来临的文艺复兴运动打下了基础。

3. 文艺复兴时期的设计审美

文艺复兴时期是指14—16世纪欧洲国家在文化思想发展中的重要时期,是欧洲继古希腊文化以后的第二个高峰。文艺复兴表面上是对古典文化的复兴,实际上它的意义在于建立了与主宰欧洲文化一千多年的宗教神学文化相对立的思想——人文主义。文艺复兴反对宗教的束缚,注重人本身;关注使用美的辩证关系;沿用古希腊美学的审美标准。

工商业和社会经济的发展使资产阶级地位稳固,作为主宰封建社会思想的宗教神学思想受到严重冲击,艺术家和美学领域注重"人"本身的口号逐渐喊响;自然科学日益发达,给人文主义者带来理性和经验两大武器,所以关注人本身的口号不断得到巩固;意大利人文主义者由于受到古代思想家的启发,结合实践进行自由探讨。关于专门设计的美学理论开始出现,意大利建筑设计师莱昂·巴蒂斯塔·阿尔伯蒂(Leon Battista Alberti)著有《论建筑》,在著作里他论述了使用、美观、经济的观点:所有的建筑物,如果你们认为好的话,都产生于"需要",受"适用"的调养,被"功能"润色,"赏心悦目"最后考虑。弗朗西斯·培根(Francis Bacon)对应用美学有很多论著,认为美在于内外的统一,比如人不能只从外表确定美丑,而要考虑道德美;建筑不能只看外形,还要考虑内部的实用性。古希腊"美在和谐"的理论在文艺复兴时期得到发扬,不仅在绘画艺术、雕塑艺术中要求"和谐",在设计上也一样适用,如意大利的家具设计,在比例上比较讲究协调、统一,纹饰也向简洁的方向发展,遵循整体、协调的原则。

在设计上,文艺复兴时期的设计摒弃中世纪的刻板作风,从古希腊、古罗马设计中吸收营养,并借助这个时期科学技术的大发展,追求具有人情味的曲线和优美的层次,在设计上提倡个性的解放和自由,面向现实,面向人生,推出了大量新的、对后来工业时代的设计产生重大影响的优秀设计作品。从设计的具体实践上看,文艺复兴时代的建筑、家具、绘画、雕刻等文化艺术领域都进入了一个崭新的阶段。在文艺复兴时期设计的一些产品,体现出了艺术和技术的内在统一。特别是家具设计,主要的技艺和结构虽然还是沿袭中世纪的式样,但在设计上更加自由化,例如曲线的广泛应用,使设计更富有人情味(图2-30)。

文艺复兴是欧洲设计艺术得到高速发展的时期,是欧洲设计发展的酝酿期,但还称不上成熟期。文艺复兴时期,设计上追求的庄严、含蓄和均衡的艺术效果,不仅具有永恒的魅力,也为后来巴洛克、洛可可风格设计的成熟打下了基础。

4. 17、18世纪的设计审美

16世纪下半叶,意大利的文艺复兴运动开始衰落,许多盛世的大师相继谢世,欧洲艺术进入了一个新的历史时期,史称浪漫时期。浪漫时期的设计风格主要以巴洛克式和洛可可式为代表。

16—17世纪交替的时期,巴洛克式设计风格开始流行,其主要流行地区是意大利,经荷兰传遍欧洲。巴洛克艺术是为教会服务,被宗教利用的,教会是它最强有力的支柱。这种风格一反文艺复兴时期艺术的庄严、含蓄、均衡,而追求豪华、浮夸和矫揉造作的表面效果,它突破了古典艺术的常规,既有宗教的特色又有享乐主义的色彩,是一种激情的艺术,它打破理性的宁静和谐,具有浓郁的浪漫主义色彩,强调艺术家的丰富想象力,极力强调运动与变化,注重作品的空间感和立体感。

巴洛克式设计刻意追求反常出奇、标新立异的形式。其建筑设计常采用断裂山花或套叠山花,有意使一些建筑物局部不完整;在构图上节奏不规则地跳跃,常用双柱,甚至以三根柱子为一组,开间的变化也很大。在装饰上,巴洛克式喜欢用大量的壁画和雕刻,璀璨缤纷、富丽堂皇,富有生命力和动感。巴洛克式家具的设计,倾向于选择尺寸大的家具,覆面多往外鼓出,外形看上去十分饱满,透出一股阳刚之气。结构线条多为直线,强调对称,给人以古典庄重之感,装饰上却恰到好处地采用活泼动感的艺术图案(图2-31、图2-32)。

图2-30 文艺复兴时期的家具

图2-31 巴洛克时期的椅子

图2-32 巴洛克式家具设计

17世纪,欧洲的贸易中心从地中海区域转移到大西洋沿岸,随着君权的衰落,18世纪欧洲出现了与巴洛克式设计相关,且有自己独立特色的装饰艺术风格——洛可可式风格。洛可可式风格把巴洛克式风格的华丽演绎到极致,但与巴洛克式风格相比,洛可可式风格更加纤细和轻巧,这种贵族化的风格由于刻意追求装饰而变得过于华丽。

洛可可式风格式崇尚自然,喜欢意趣盎然的曲线,把当时中国式花瓶上的一些花鸟蔓藤元素融合在作品之中,以纤巧、细致、浮夸的曲线和不对称的装饰为特点。这一时期,法国家具制造水平达到了登峰造极的高度。家具的制造工艺复杂精湛,种类繁多,造型设计美观奇特。基本特征是具有纤细、轻巧的妇女体态的造型,华丽和烦琐的装饰,在构图上有意强调不对称(图2-33)。从发展根源上说,洛可可式风格是巴洛克式风格的延续,同时也是中国清式设计风格严重浸染的结果,所以在法国,"洛可可"又称为中国装饰。

由于巴洛克式和洛可可式风格中过度的修饰,而使其逐渐沦入虚饰主义的泥坑,不可能再出现什么新花样,在此之后,欧洲的设计风格一再重复历代设计的旧调,从而进入了向近代工业设计过渡的设计审美混乱时期。

5. 新古典主义时期的设计审美

1789年法国大革命前夕,资产阶级为取得革命的胜利,在意识形态领域高举反封建、反宗教神权、争取人类理想胜利的旗帜,号召和组织人民大众为资产阶级革命。迫切需要在人们的心理上注入为革命献身的美德和勇气,而古希腊、古罗马的英雄成了资产阶级所推崇的偶像,资产阶级革命家利用这些古代英雄,号召人民大众为国家真理而献身。在这样的历史环境下,产生了借用古代艺术形式和古代英雄主义题材,大造资产阶级革命舆论的新古典主义。

新古典主义作为一个独立的流派名称,最早出现于17世纪中叶欧洲的建筑装饰设计界,以及与之密切相关的家具设计界。新古典主义排挤了抽象的、脱离现实的绝对美的概念和贫乏的、缺乏血肉的艺术形象,它以古典美为典范,从现实生活中吸取营养,它尊重自然、追求真实,以及对古代景物的偏爱,表现出对古代文明的向往和怀旧感。

新古典主义时期的室内设计保留了路易十四风格的线条,去除了线条上的繁杂装饰,保留了细节,却又不会因繁杂细节的堆砌而失去重点;保留了镶花刻金,却

图2-33 洛可可式风格设计

图2-34 新古典主义时期的室内设计

图2-35 新古典主义时期的家具

又不会金晃晃的让人眼花（图2-34）。其保留了材质、色彩、风格，摒弃了过于复杂的线条、装饰、肌理，却没有丢失性格，仍然可以使人强烈感受到传统的历史痕迹和浑厚的文化底蕴。新古典主义时期的家具（图2-35）底蕴高雅、尊贵精细，具有金银暗调的色彩、低调奢华的细节，色泽上多用金色和暗红，稍加白色使之柔和明亮。

三、设计审美的机器生产时期

工业时代的来临改变了传统的手工艺生产方式，带来了标准化、批量化和机械化大生产的方式。工业化大生产与传统手工艺生产的巨大反差，必然引发新的社会现象及理论界研究的新课题。

1851年，英国在伦敦海德公园举行了世界上第一次国际工业博览会。英国工程师约瑟夫•帕克斯顿（Joseph Paxton）运用钢铁与玻璃建造温室的设计原理，大胆地把温室结构应用在这次博览会的展厅设计中，被称为"水晶宫"，没有多余装饰，玻璃和钢结构骨架，完全表现了工业生产的机械本能，开创了采用标准构件、钢铁和玻璃设计、建造的先河。这次博览会是对工业革命成果的一次展示，人们目瞪口呆地看着各种不同的机器发明，各种机器工作，有开槽机、钻孔机、拉线机、纺纱机、造币机、抽水机等，这些不同的机器又通过特别建造的锅炉房产生的蒸汽一起驱动，让人领略到工业革命给世界带来的变化（图2-36）。但是在这次博览会上也暴露了很多问题。许多工业产品无设计可言，批评的声音络绎不绝。按传统的艺术准则来衡量，工业产品应被排除于美学考虑的范畴之外，而工程师们在新工业中也同样有意排斥传统美学的影响，否认美学在其作品中的作用。由此看来，基于机械化基础的新的美学亟待建立。

1851年伦敦的国际工业博览会以后，工业批量化生产的弊端开始被理论界和设计行业认识并关注，"工艺美术运动"就是在这种条件下产生的。这场运动的理论指导是作家约翰•拉斯金（John Ruskin），运动的主要领导人物是艺术家、诗人威廉•莫里斯（William Morris）。产业革命后，家具、室内产品、建筑的工业批量化生产造成设计水准下降。大机器生产的产品缺少必要装饰，且造型丑陋、简单，以至于当时设计界存在一种争议，要不要回到手工艺生产时代的设计方式？约翰•拉斯金主张回到中世纪的传统，同时，希望在设计上回溯到中世纪的传统，恢复手工艺行会传统；向自然学习，从自然形态中吸取营养，反对使用玻璃等工业材料；提出了设计的实用性目的，材料的使用要反映真实的材质感；推崇真实、诚挚、形式与功能统一的材料使用原则。

威廉•莫里斯是英国工艺美术运动的奠基人，他继承了拉斯金的思想，并真正实现其思想的设计。他试图复兴中世纪、哥特式风格，一方面否定机械化、工业化风格；另一方面否定装饰过度的维多利亚风格。他认为只有哥特式、中世纪的建筑、家具、用品、书籍、地毯等的设计才是"诚实"的设计。

1857年，莫里斯和设计师菲利普•韦伯（Philip Webb）以红砖瓦为材料设计建成著名的"红屋"，充分体现了工艺美术运动在建筑设计方面的思想，"红屋"以功能需求为首要考虑，部分吸取英国中世纪，特别是哥特式风格建筑的细节来设计住宅建筑，从而摆脱了维多利亚时期烦琐的建筑特点，同时莫里斯还从统一的角度，设计了整个建筑的室内、家具等（图2-37）。

查尔斯•沃赛（Charles Voysey）是英国工艺美术运动的家具设计师，他强调建筑、室内与家具的一体化设计。他的家具设计多选用典型的工艺美术运动材料——英国橡木，造型简单大方而结实，比较少有中世纪风格的重复出现，偶尔采用黄铜或红铜作装饰，风格清新、轻巧。比较莫里斯的家具设计，沃赛的设计（图2-38）更加实

图2-36　19世纪初英国生产的机器

图2-37　红屋及内部

在，也更容易批量化生产，对于"工艺美术运动"为大众服务的精神来说，沃赛显然比莫里斯在实践上更加接近"设计为大众服务"的实质。

工艺美术运动的产生给后来的设计家提供了设计风格参考，提供了不同以往的尝试典范，影响遍及美国和欧洲等地区，对后来的"新艺术运动"具有深远的意义。工艺美术运动首次提出了"美与技术结合"的原则，主张美术家从事设计，反对"纯艺术"。另外，工艺美术运动的设计强调"师承自然"、忠实于材料和适应使用目的，从而创造出一些朴素而适用的作品。但是它将手工艺推向了工业化的对立面，这无疑是违背历史发展潮流的，也由此使英国现代设计走了弯路。

图2-38　查尔斯·沃赛设计的椅子

第三节　20世纪及现代设计审美

20世纪前期，诸多设计风格的形成与发展为功能主义的形成做了充足的准备。在工业化进程中，不仅是"工艺美术运动"代表人物威廉·莫里斯，当时很多艺术家都对机器大生产处于矛盾之中，由此而出现了走折中路线的新艺术运动、装饰运动等。新艺术运动把从自然中获得的动植物纹样装饰于实用产品上，极大地拓展了处理设计的形式与功能、技术与艺术之间的关系，并且将艺术载体延伸到实用产品上。新艺术运动在设计上虽然主张形式与功能的完美结合，但由于无法解决曲线造型批量生产的问题，始终是一场形式主义的装饰设计的运动（图2-39～图2-41）。

在苏格兰，格拉斯哥四人派的中坚人物查尔斯·伦尼·马金托什（Charles Rennie Mackintosh）反对"新艺术"运动设计的主张，反对曲线、自然主义的装饰动机，马金托什的设计理念和新艺术运动反对直线和几何造型、反对黑白色彩、反对机械和工业化生产相反，他的设计都是使用直线和简单的几何造型，讲究黑白等中性色彩。他的探索为机械化、批量化、工业化生产奠定了基础（图2-42）。马金托什的探索，在奥地利分离派和德国"青年风格"设计运动中得到进一步发展。1903年成立的维也纳生产同盟，得到马金托什的指导。这个同盟是一间手工艺作坊，主要生产家具、金属制品和装饰品，与传统的装饰不同，维也纳生产同盟的金属器皿采用精练的几何形式，造型和表面处理都模仿机器制品，这预示着功能主义的标志——机器美学的到来（图2-43）。

图2-39　维克多·奥塔（Victor Horta）设计的塔赛尔旅馆（新艺术风格）

图2-40　新艺术运动时期的设计（饰品发梳）

图2-41　新艺术运动时期的楼梯扶手

图2-42　马金托什设计的高背椅

图2-43　维也纳生产同盟设计的镀银咖啡具

现代主义建筑的先驱者、奥地利建筑师阿道夫·卢斯（Adolf Loos）更是强调功能，反对装饰，他于1908年发表了名为《装饰即罪恶》的文章。他认为"装饰是一种精力的浪费，因此也就浪费了人们的健康，历来如此。但在今天它还意味着材料的浪费，这两者合在一起就意味着资产的浪费"。

这些都展现了20世纪现代设计的审美观念，设计审美开启了新篇章。

一、现代主义设计审美观念

20世纪美学经历了重大转型，这对于设计审美的发展来说意义重大。西方的各艺术流派的艺术主张存在巨大分歧，许多时候一种观念与另一种观念以对立的姿态出现。以意大利哲学家贝奈戴托·克罗齐（Benedetto Croce）的《美学原理》（1902年）的出版为代表，以"美即美感"这一主题取代了古典美学以"美的本质"为基础的思考方式，开启了现代美学的新局面，这意味着审美重心的转移。在工业文明的影响下，许多欧洲艺术运动，如未来主义、表现主义和构成主义等出现，基于各自的艺术理论与价值的不同，对美学本质、形式与功能试图重新定义，这些流派对艺术思想和表现方式的探索为现代设计的发展开辟了道路。

现代主义设计的设计审美观念包括三个方面：

一是功能主义，它是现代主义设计的主要内容。工业革命的发生、现代设计的到来使得功能主义作为现代设计的核心特征贯穿始终。"形式追随功能"（Form follows Function）是功能主义设计审美的口号。二是为大众做设计，现代主义设计的受众是大众群体，这与以往的精英设计截然不同，更注重规范性、系列性、批量化，反对个性。三是简洁形式，在机器充满社会的现状面前，主张寻找新的设计形式，建立新的设计美学。

美国芝加哥学派的中坚人物，路易斯·沙利文（Louis Sulliran）提出了"形式追随功能"的口号，还强调"哪里的功能不变，形式就不变"。这句话成为现代设计最有影响力的信条之一。芝加哥出现了大批的现代设计经典形象——摩天大楼。这些建筑注重最单纯的功能，强调结构的逻辑表现，立面简洁、明确，并采用了整齐排列的大片玻璃窗，突破了传统建筑的设计形式。

第二代芝加哥学派的代表人物弗兰克·劳埃德·赖特（Frank Lloyd Wright）进一步发展了沙利文的思想，把功能主义发展到了住宅建筑领域，提出了"有机建筑"概念，即建筑的功能、结构、适当的装饰以及建筑的环境融为一体，强调建筑的整体性，使建筑的每一部分都与整体协调（图2-44）。1923年，勒·柯布西耶（Le Corbusier）提出"机器美学"理论，以"住房就是居住的机器"为宣言："机器美学追求机器造型中的简洁、秩序和几何形式以及机器本身所体现出来的理性和逻辑性，以产生一种标准化的、纯而又纯的形式。"一般以简单立方体及其变化为基础，强调直线、空间、比例、体积等要素，并抛弃一切附加的装饰，"机器美学"理论成为功能主义重要的美学思想指导（图2-45）。

第二次工业革命需要大规模的科学研发和工业界密切结合，德国正是在这一方面领先，从而取代了英国在工业界的地位。

著名的设计师彼得·贝伦斯（Peter Behrens）是将德国工业联盟的理论应用于实践的代表人物，作为工业联盟的发起者之一及工业设计师，贝伦斯设计了大量的工业产品。他为德国通用电气公司（AEG）做了大量的设计，从建筑到企业形象再到产品，贝伦斯不仅开创了现代公司标识体系的先河，而且开启了欧洲现代工业与艺术设计相结合的先河（图2-46、图2-47）。

1919年4月1日，包豪斯成立。"包豪斯"是当时欧洲各种现代设计思潮的集大成者。它总结和发扬了自"工艺美术运动"以来各种设计改革运动的精髓，继承了德意志工业同盟的传统，使现代主义前沿思想融合发展并最终达到了高潮。包豪斯的目标是"为了对抗现代的手工主义和

图2-44　赖特设计的罗宾住宅

图2-45　勒·柯布西耶设计的马赛公寓"居住机器"

图2-46　贝伦斯设计的电钟

图2-47　贝伦斯为AEG设计的透平机车间

专业化,把所有的形式都综合起来,建立一种适合新时代的崭新的民众文化"。经过长期的发展,功能主义逐步成为20世纪40—50年代世界范围内的设计主流,以至被称为"国际主义"风格。功能主义对建筑设计的影响扩散至对其他设计领域的影响,特别是平面设计、产品设计,形成流行一时的风格,导致20世纪60年代末、70年代初,所有的世界大都会的建筑风格极为相似,设计探索多元化的努力消失了,被追求单一化的国际主义设计取代。

功能主义的发展经历了漫长的历史过程,许多设计师和美学家努力创造符合机器化大生产的设计形式,人们的审美意识随着社会生产的发展,逐渐建立起新的审美观念和设计美学,在一定程度上符合生产力发展的要求。设计审美与艺术设计同步发展,建立了理性化、标准化、规范化、高效化的现代主义设计风格,形成特定时代的设计审美范式。

二、后现代主义设计的美学观念

在20世纪新旧观念的交替中,现代主义审美观念与后现代主义审美相互转换。"后现代"是相对于"现代"而言的,现代主义设计运动发展到20世纪五六十年代,随着经济增长,技术发展,审美观念的变化,人们厌倦了单纯追求理性而忽视消费者心理需求的现代主义设计,这时后现代主义设计艺术应运而生。"二战"后经济的迅速恢复,现代艺术设计中的科学性、理性和逻辑性的设计方向受到后现代艺术设计中的直觉性、感性和个性化的强烈冲击,美学发展中经验主义逐渐代替了古典主义。作为现代设计审美基础的功能主义审美陷入危机。

后现代主义设计是对现代主义设计理想的质疑和挑战。其认为现代主义设计所造就的作品是冰冷的、缺乏人情味的,后现代主义设计的作品,趋向折中、感性,戏谑历史,模糊功能。设计作品从材料、形态、色彩上都故意打破常规,取而代之的是个性化、散漫化、自由化的审美取向。如后现代主义设计大师艾托尔·索扎斯（Ettore Sottsass）设计的书架,其使用塑料贴面,颜色鲜艳,但其拼贴组合的造型不具备书架的功能。Tahiti-lamp是1981年意大利著名设计师埃托·索特萨斯（Ettore Sottsass）设计的一款灯具,他积极从波普艺术、东方艺术、非洲艺术、拉美艺术等传统艺术中寻求灵感,灯具形式怪诞,趣味天真,颇具象征意义（图2-48）。后现代主义设计的很多物品都用途不明、含义模糊,是设计师们对传统的挑战,也是对现代主义设计的挑战。

尽管后现代主义设计是对现代主义设计中的功能主义的反叛,但却与功能主义设计一起构成了设计美学的多元化局面。

意大利的孟菲斯集团是后现代主义设计的重要代表。孟菲斯集团开创了一种反对一切固定模式的开放性设计,开创了丰富多样的当代意大利设计局面。孟菲斯集团是从感性的人文角度出发而不是从科学的理性开始设计,将世界过去的流派再循环,恢复色彩和装饰的生命力;把设计研究重点放在人与周围事物的相关性上,重现日常生活中的趣味及想象奔驰的时刻,寻求设计的表现特性、新意和独特造型的可用性（图2-49、图2-50）。

从一开始,后现代主义设计就想突破审美规范,打破艺术与生活的界限;从传统艺术、现代艺术的形态范畴转向了方法论,表达多种思维方式。但它本身又是矛盾的,多种价值观互相纠葛,后现代主义设计艺术家常常陷入自

图2-48　后现代主义设计作品：书架、台灯

图2-49　孟菲斯集团设计作品1

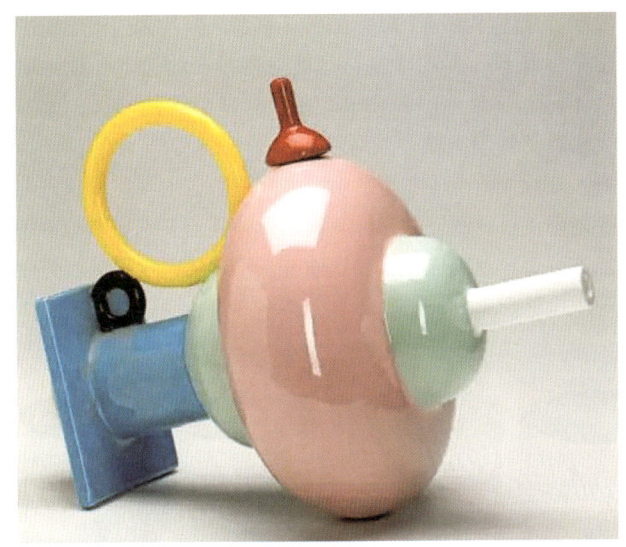

图2-50　孟菲斯集团设计作品2

我否定或相互否定。尽管如此，随着后现代主义设计新颖独特的作品不断产生，其反现代主义设计特征明显显现，这些设计品渐渐被人们所接受，其设计观念和美学原则已慢慢渗入设计者和消费者的头脑中。

现代主义和后现代主义设计美学的转换看似对立，实际上为实现设计的多元化，提高设计水平，更好地满足人的客观需要指明了方向。

三、美国设计美学观念的传播

美国的艺术设计深深扎根在商业文明之中，为艺术设计的发展开辟了一条新的道路，另外从20世纪60年代开始，美国艺术家对于新艺术形式探索的成就远远领先于欧洲，如波普艺术、概念艺术、大地艺术、极少主义以及影像艺术等，从而在艺术思潮和美学上确立了领先地位，欧洲艺术家们反而成为追随者。美国的艺术设计观念在其他国家推广起来，开始引领世界的艺术设计潮流。美国设计美学观念在全球传播，大致经历了以下几个阶段：

（1）"装饰主义"设计审美。第一次世界大战以后的美国，经济发展迅速，工业生产和科学技术的实力强大，为设计的广泛传播奠定了坚实的基础。大量富裕的中产阶层消费群体，东方传统造型艺术与装饰艺术，以及美洲本土的玛雅文化和美国的汽车文化、爵士文化的渗透与影响，使得兴起于欧洲的"装饰艺术"运动一到美国就爆发了强烈的生命力，并集中在与大众生活密切相关的室内设计、家具设计等方面。"装饰主义"发展演变后，于20世纪30年代又传回欧洲。

（2）"国际主义"风格。"二战"前后，大批欧洲艺术大师汇集美国，为美国艺术输入新鲜血液。战后强大的经济实力使得各种州立和私立的美术馆、基金会以及画廊大量涌现，为美国艺术的崛起提供了经济基础；商业和都市文化体系发达成熟，在很大程度上，为美国新艺术提供了新的情感资源和思想背景。另外，美国建立起来的全球传媒体系和大学精英文化研究体系也为美国艺术的理论总结和全球传播提供了推动力。

现代主义设计在美国扎根，并发展为风靡全球的"国际主义"风格。现代主义设计是在"一战"后对工业化和当时贫穷的社会状况进行的探索性设计。但"国际主义风格"在美国富裕的环境下完全抛弃了这一点，它是一种商业的设计，成了资本主义企业的形象和符号。现代主义设计追求的是功能，"国际主义风格"是形式至上的风格，代表了大企业、政府、权利和现代化，追求的是经济效益。"国际主义风格"极其推崇几何的形式，不要装饰，设计风格在一定时期内风靡世界,成为"二战"后世界设计的主导风格。

(3)"波普"设计审美。20世纪60年代受美国大众文化和波普美术的影响,"波普设计"认为艺术不应仅供少数人享用,而应走向普通大众,进入每一个人的生活。"波普"为"Popular"的缩写,有大众化、通俗、流行之意,它反映了当时西方社会中成长起来的青年一代的文化观、消费观及其反传统的思想意识和审美趣味。20世纪60年代在美国盛行的丝网印刷技术,是艺术设计商业化的条件之一。波普艺术把人们最熟悉、最平凡的日常生活物品,通过版画这个传统的大众传播手段,引起人们对于事物本身原有概念的再思考。

以美国波普艺术的倡导者和领袖安迪·沃霍尔(Andy Warhol)为例,他在绘画中运用商业中的照相丝网制版,制作能大量生产的绘画。以日常物品为表现题材来反映美国的现实生活,完全取消艺术创作的手工操作,经常直接将美钞、罐头盒、垃圾及名人照片一起贴在画布上,打破了高雅与通俗的界限(图2-51)。如表现玛丽莲·梦露(Marilyn Monroe)、伊丽莎白·泰勒(Elizabeth Taylor)、约翰·F·肯尼迪(John F.Kennedy)等人的作品,从精神消费文化中捕捉流行符号,从实践上诠释符号学对于传播现象及媒介文化的某些观点和论述。沃霍尔的作品没有欧洲设计师那么观念化、哲学化、个人化,他的作品风格体现出实用主义、商业主义、多元化、幽默性。他大胆尝试凸版印刷、橡皮或木料拓印、金箔技术、照片投影等各种复制技法。一种毫无深度感和异乎寻常的平面化构成了沃霍尔作品的基本形式特征,从平面到空间处处传达着一种突出大众趣味的共性特征(图2-52)。以安迪·沃霍尔为代表的波普艺术家通过广泛的艺术探索改变了世人评价世界、生活和艺术的方式,并以此证明生活和艺术没有高低贵贱之分,艺术不再是少数人享用的专利,而属于普通大众,并逐渐以新的方式进入从为权贵服务转向为民众服务的民主化进程。

美国的设计从无到有,到形成独有的特色,进而从本国推广到全世界,并且把世界艺术中心由传统的欧洲搬到了美国,其成功的原因值得探讨。美国设计美学在全球推广的原因可以归纳为如下几个方面:商品经济的发展,设计人才的流入,艺术家的参与和设计职业化,文化的交融发展。美国作为一个多元国家,有着广阔的国内市场,由于移民来自不同的国家,这就使得单一的艺术和设计风格不可能满足他们的需求,多元化是必然的趋势(国际主义、流线型风格、式样设计等);美国的艺术和设计具有大众化的特点(典型的例子——波普艺术在美国盛行);不同于传统的欧洲国家,美国的设计甚至艺术更多与市场挂钩,更容易商业化,如安迪·沃霍尔的艺术作品、企业形象设计。

图2-51　安迪·沃霍尔作品《梦露》

图2-52　安迪·沃霍尔作品《汤罐头》

结语

坚持和发展马克思主义，必须同中华优秀传统文化相结合，同时要以海纳百川的宽阔胸襟借鉴吸收人类一切优秀文明成果，推动建设更加美好的世界。通过对中外设计审美溯源的研究，可以了解古代、近代、现当代世界各国设计的发生、发展、风格、设计与技术、设计与生活方式的关系等，进而把握设计审美发展的独特规律。

从中国古代的设计内容来看，设计哲学与自然哲学融合在一起，几乎是无所不包的。在一定范围概括了人类生命存活所需要的物质条件，设计美学观念不是独立存在的，是杂糅在各个领域中的。各个时代的审美观念都具有明显的时代特色，魏晋的超俗、唐代的华丽、宋代的平淡，这些与当时的思想文化和美学观念有千丝万缕的联系。

纵观西方现代设计审美，手工业时代的技术与艺术完美结合，造就了传统设计的辉煌。传统设计审美的发展过程是繁荣—危机—耗尽—创新的循环过程。资本主义大工业时代开始，现代设计首先改变了19世纪末的古典审美观，它追求外形简单、诚实、直接，形式符合目的，没有附加装饰，采用标准化制造，价格合理，表现结构和材料特性，成为风靡全世界的现代主义设计审美。当技术的发展为这种多样化的需求提供了实现的条件后，设计也就从以功能主义为主走向了多元化。后现代主义设计包罗万象，开放的设计观为满足、符合人的行为、情感等多方面需要提供了新的视角。

现代主义和后现代主义设计美学的转换看似对立出现，实际是拓展了更宽、更广的设计方向，设计更加多元化，也为更好地满足人的需要指明了方向。作为新时代的设计师，应该培养国际视野、艺术人文素养、创新意识，超越虚无，成为历史文化精髓的守护者与传承人。

本章思政与思考题

1. 西方手工艺时期的设计美学中你印象最深的是什么？说一说原因。
2. 西方现代设计美学的转折是什么时期？其背后的社会原因是什么？
3. 西方20世纪之后设计美学有什么特点？为什么？
4. 认真梳理中国古代设计美学的发展脉络，谈谈我们应该从中汲取什么养分？

第三章 设计美的形式与构成

拓展视频

本章概述

本章简要讲述了设计美的形态特点、形式法则与构成要素。设计美的形态（点、线、面、体），具有不同的特点及其设计表情；设计形式美是客观事物外观形式的美，包括线、形、色、光、声、质等外形因素，将这些因素按一定规律组合起来，以表现设计的内容及结构，形成一定的形式法则。设计美学中，设计美的材料美、结构美、功能美、技术美、色彩美和语义美都是其要素。

学习目标

通过本章的学习，学生能够了解设计美的形态特点及分类，掌握并运用设计美的形式法则，理解材料、结构、功能、技术、色彩、语义等构成设计美的要素。

第一节 设计美的形态分析

形态指事物存在的样貌，或在一定条件下的表现形式。形态是可以把握的，可以感知的，可以理解的。任何一门艺术都有其自身的语言，而造型艺术语言的构成，其形态元素主要是：点、线、面、体、色彩及肌理等。

设计的形态是设计形式的基础构成元素：点、线、面、体。在设计语言中，形与型有着不同的含义。形，为元素性的基本形状，也可称为纯粹数学或几何学上的单元，因此它的视觉性格固定而单纯，如点、直线、曲线、三角形、方形、矩形、圆形、椭圆形、球体、圆柱体、圆锥等，至于不规则形状，仍然保留原形的象征。型，为普遍性的视觉特征，它的形成有一定的意义，除了形态表面特征外，会使人产生联想与幻觉。因此，可以把它当作一种形式或典型来看待。比如轮胎（图3-1），在造型学上的圆，这称为"型"；而如图3-2所示为几何学上的圆，我们称为"形"。型以形为表现的基础，而形的作用，必须在一定的形式之中才能显示出来。

在造型学上将点、线、面、体归纳为是由视觉所引起的心理意识，是与视觉领域表现的事实相吻合的，其主要视觉特性是建立在生活经验的基础之上。在造型设计上，

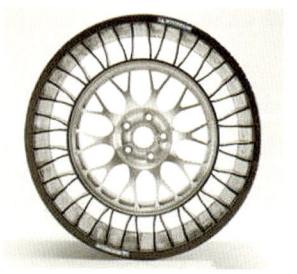

图3-1 造型学上的圆——型　　图3-2 几何学上的圆——形

不但赋予这些要素以位置、长短、厚薄，并赋予其大小、粗细、体积等。赋予要素不同的尺度和形态，代表着不同的性格和寓意。

一、设计美的形态——点、线、面、体

点是一种具有空间位置的视觉单元。在理论上虽然没有相对的连续性和扩张性，但在事实上却具有相对的面积和形状。点与点之间连接形成线，或者点沿着一定方向规律性的延伸可以成为线，线强调方向和外形；平面上三个以上不在同一条线上的点可以连接形成面，同时，平面上线的封闭或者线的展开也可以形成面，面强调形状和面积（表3-1）。

表3-1　　　　　　　　　　　　　点、线、面、体的定义

种类	点	线	面	体
静的定义	线的端点或线的交叉	面的界限或面的交叉	立体的界限	物体占有空间
动的定义	只有位置没有大小	点移动的轨迹	线移动的轨迹	面移动的轨迹

1. 点的特点

对点的判断完全取决于它所存在的空间，无论它以任何大小和形状出现，只要它在整体空间中被认为具有集中性，并成为最小的视觉单位时，都可以认定是点的造型。很多细小的形象可以理解为点，它可以是一个圆、一个矩形、一个三角形或其他任意形态。

点最重要的功能在于表明位置和进行聚焦，点与面是比较而形成的，同样一个点，如果布满整个或大面积的平面，它就是面了，如果在一个平面中单独、多次出现，就可以理解为点；画面中的点由于大小、形态、位置不同，所产生的视觉及心理效果都是不同的，面积越小的形体越能给人以"点"的视觉感受；反过来，面积越大的形体，就越容易呈现"面"的视觉感受（图3-3、图3-4）。

点所处的空间位置不同，所表达的心理效应也有很大差别，悬浮的或下沉的点给人带来的心理感受截然不同。点居下产生沉淀感，安静而低调，不容易被发现；点居中使人感觉平稳、稳定，集中感强；黄金分割点更能吸引人注意，设计更具有形式感。如图3-5所示，画面大量留白，以此与点形成对比，点的空间位置在下方，心理效应安静下沉，赋予画面平静感。

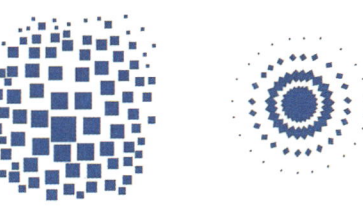
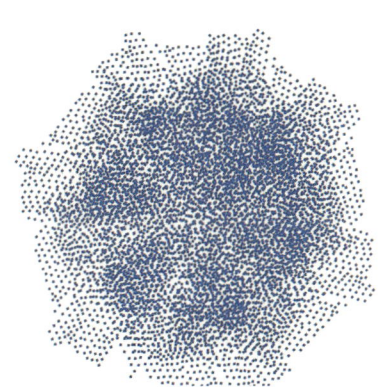

图3-3　多点产生的面化效果　　　　　　　　　　　　　图3-4　独立的点产生的面化效果

点的另一个特性是可以通过对视线的引力而导致心理的张力，在心理上产生移动的感觉。有时候点会对视线产生引力而导致心理的张力，人们在看一些点时常常会感到被"牵引"。设计师以各种点元素为载体，使得图形在表达意念的过程中"牵引"受众的眼球，用设计的语言来讲，这样的图形通过各种视觉元素的组合形成强烈的动感，进而转化为视觉张力，调动着观者的眼睛和情感（图3-6）。

在景观设计中，点可以是雕塑小品，也可以是绿植、铺装，是空间形态中最活跃、简洁的元素，如图3-7所示，绿植和景观小品色彩、位置、形态不同，可以给人不同的心理感受，加强了环境整体表现力，形成某种氛围，向人们传达某种信息，表达情感，进行对话，从而最大限度满足人的情感需求。

2. 线的特点

线是点移动的轨迹，是具有长度的一维空间，虽然在理论上没有宽度和深度的扩张性，但在实际生活中却含有相对的面积或体积成分。从数学上来说，线不具有面积，只有形态和位置；在构成中，线是有长短、宽度和面积的。从构成的角度来看，具有长短、宽度的线，随着线的宽度的增加，就会使人产生面的感觉，如它周围都是线的群体，那么宽度较大的线也会被认为是粗线。

由于线本身具有很强的概括性和表现性，线条作为造

图3-5　点的空间位置

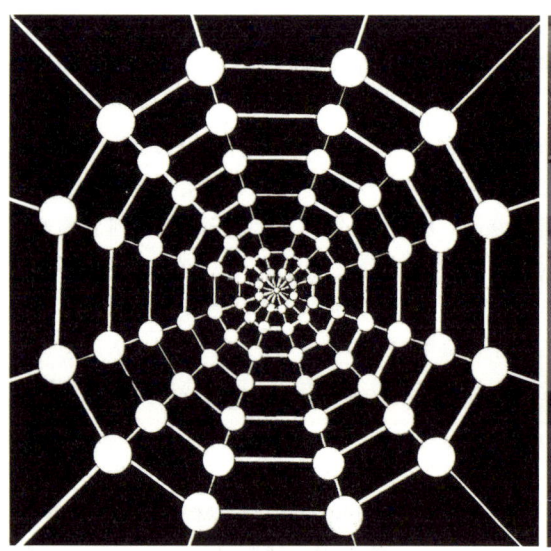

图3-6　点牵引视线

图3-7　景观设计中点的运用

型艺术的最基本语言,一直被关注。在造型艺术中,线条是重要的抒情手段,因造型材料及方法的不同,所展现的线条不同,不同的线有着不同的感情性格(表3-2)。

表3-2 线的分类及表情

种类	表情
直线	明快、力量、速度感和紧张感
曲线	优雅、流动、柔和感和节奏感
粗线	厚重、醒目、有力,视觉引导效果更直观
细线	纤细、锐利、微弱、细腻感
长线	修长,具有延伸的效果
短线	果断、精致

设计中常利用线的不同表情完善设计语言。水平线能够传达出平静和安宁之感,垂直线则使人联想到树木、旗杆、柱子,有一种崇高的感觉,如图3-8所示的垂直线条其使画面气氛庄重、威严、崇高;而图3-9所示的景观小品,喷泉的设计打破惯常思路,利用动态的水流与静态的雕塑小品,共同完成水景设计中曲线的流动美与节奏感;如图3-10所示的圆形线条展现出几何曲线具有对称和秩序的美,自由而富有弹性。

线本身具有很强的概括性和表现性,线条作为造型艺术的最基本语言受到较多关注。在视觉造型中,线起到至关重要的作用,它不仅是决定物象形态的轮廓线,还可以刻画和表现物体的内部结构。比如,线可以勾勒花纹肌理,表现设计物品的结构。甚至物象的表情也可以通过线来传达。直线因为在长度上可以有所不同,因而具有装饰性与视觉表现力。直线与曲线结合,成为复合的线条,比单纯的曲线更多样,因而也更具装饰性。波纹线,是由两种对立的曲线组成的,变化更多,更为悦目,也被称为"美的线条"。蛇形线,由于能同时以不同的方式起伏和迂回,会以令人愉快的方式使人的注意力随着它的连续变化而移动,所以被称为"优雅的线条"。如图3-11所示的楼梯的圆形弧线,其使建筑形式更加富有变化,同时也给空间分割出来了独立空间,显得建筑形式更加灵动;如图3-12所示的曲线延绵的流畅感产生了向外扩张的延伸效果;如图3-13所示可以使人感到曲线分割产生的视觉上的纵深感,这些都是线的表现力。

曲直、浓淡、多变的线是造型艺术强有力的表现手段,美学家杨辛在谈到新石器时代的半山彩陶时写道:"它

图3-8 垂直线条

图3-9 曲线条

图3-10 圆形线条

图3-11 灵动的曲线

图3-12 绵延的曲线

图3-13 曲线分割

的图案装饰是线，由单一的线发生出各种不同的线，如粗线、细线、齿状线、波状线、红线、黑线等，运用反复、交错的方法，把许多有规律的线组合在一起，使人感到协调，好像用线条谱成'无声的交响乐'。"

在设计中，运用线的特性，可以使设计作品更具艺术审美性。线的特征具有**分割性**——让作品中的元素具有主次清晰的空间感；**方向性**——让作品具有很强的引导线功能；**粗细差异**——使作品给人带来细腻和刚硬的不同感受。在实际设计案例中，线的运用可以给人带来更强烈的心理感受。如图3-14所示，景观设计中利用绿植、铺装可以达到线的分割、方向以及差异的设计表现。

3. 面的特点

面是由长度和宽度共同构成的二维空间。面是线的移动轨迹，同时也可以是由人为技法所创造的不同的形。

面的表示方法有两种：一种为实体的面，在整个形中布满颜色，是个充实的面，也是积极的面；另一种是空虚的面，只勾画出轮廓线，或用点、线聚集形成的面，这种面属于消极的面。聚集的点或线越密集，点和线就越容易渐渐失去本身的意义，这个面就转化为积极的性质。

面的类型：①几何形：也可称无机形，是用数学的构成方式，具有数理性的简洁、明快、冷静和秩序感，被广泛运用在建筑、实用器物等造型设计中（图3-15）。②有机形：是一种不可用数学方法求得的有机体的形态，富有自然发展，也具有秩序感和规律性，具有生命的韵律和纯朴的视觉特征。如自然界的鹅卵石、枫树叶、生物细胞、瓜果外形以及人的眼睛外形等都是有机形（图3-16）。③偶然形：是指自然或人为偶然形成的形态，其结果无法被控制，如随意泼洒、滴落的墨迹或水迹，树叶上的虫眼，无意间撕破的碎纸片等，具有一种不可重复的意外性和生动感（图3-17）。④不规则形：是指人为创造的自由构成形，可随意运用各种自由的、徒手的线构成形态，具有很强的造型特征和鲜明的个性（图3-18）。

在"面"中最具代表性是"直面"与"曲面"，也会呈现出不同表情：直面（一切由直线所形成的面）具有稳重、刚毅的男性化特征，其特征程度随其诸因素的加强而加强；曲面（一切由曲线所形成的面）具有动态、柔和的女性化特征，其特征程度随其诸因素的变化而加强（或减弱）。

4. 体的特点

体是由面按一定的轨迹移动、叠加，具有长度、宽度和深度的三维空间。

图3-14　线的设计应用

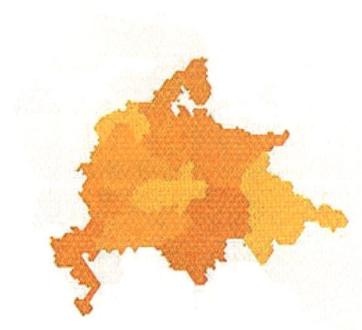

图3-15　面的几何形　　　图3-16　面的有机形　　　图3-17　面的偶然形　　　图3-18　面的不规则形

体的主要特性在于体积感和重量感的共同表现，其中立体的重量感有"正量感"和"负量感"两种不同类型。"正量感"是实体的表现；"负量感"则是虚体的存在。从"体"的构成特性来看，还可将"体"分为半立体、点立体、线立体、面立体和块立体等类型。体，在设计中是常见形态，被广泛应用（图3-19）。

设计中的所有元素最终都可以被看成是点、线、面，它们把整个视觉空间分割成若干个大小不同的面积，这种分割使设计的视觉中心和受众的视觉感受发生变化，从而产生了设计形式的意义。形态是设计中最基本的要素，不但在平面设计、产品设计中，点、线、面是基本构成元素，同样在景观设计、建筑设计、服装设计等各个设计领域都可以看到形态的应用。如图3-20所示，花池设计运用多层次曲线，不断重复，产生回环往复的韵律之美；服装设计中巧妙地运用点的突出与线呼应，产生节奏美；景观铺地利用几何形的排列组合，达到整体景观的氛围感。所以点、线、面形态在设计中的灵活运用，不仅在实际设计中起到分割空间、画龙点睛的作用，而且能塑造形式美感，引导视觉流线，烘托氛围，沟通情感，引发共鸣。

二、形态的分类

（一）具象形态和抽象形态

理论上，可将形态分为两大类：具象形态和抽象形态；但事实上有机形态中包含着无数的基本形态。按照形态来源、空间形式等分类，形态又有多种分法（表3-3）。

表3-3　　　　　形态的分类

形态的分类	按形态与知觉关系分	现实形态	
		理念形态	
		纯粹形态	
	按形态的空间形式分	平面形态	
		立体形态	三维形态
			四维形态
	按形态的来源分	自然形态	
		人为形态	模拟的自然形态
			概括的自然形态
			抽象形态
	按形态构成方式分	构筑型形态	
		塑造型形态	

图3-19　体的应用

图3-20　形态在设计中的应用

具象形态是可以直接知觉的，是看得见、摸得着的实际存在，如文字、各种实体、动植物等（图3-21）。抽象形态不能直接知觉，只能依靠想象，存在于观念之中，以形象化的符号来代替（图3-22）。

一个形态的完整，除了具备形、质、色三个基本要素之外，形态机能所发挥的功能，也是重要的组成部分。在设计中如果能同时以一种形式来解决这三个相互关联的问题，这个造型必然是理想和完美的。如果无法同时兼顾，就必须设法选定合理的程序来进行，即由机能形式出发，求结构形式，再求美学形式的过程，因为造型物的形态与功能是密不可分的。形态的创造是有规律可循的，这一创造规律和自然界中的形态构成规律有着相似之处。对于设计师来说，只有"师法自然"，不断从大自然汲取营养，用平等的观念对待自然，才能保持清醒的设计意识、准确把握设计语言，以设计形态构成来开辟具有新时代发展价值的设计作品。如图3-23所示为一组利用自然形态进行设计的设计作品，生动活泼且充满生命的张力。

自然生物体的色彩、表面肌理与质感，是生命存在的特征和需要，不仅是一种触觉或视觉的表象，更代表某种内在功能的需要，具有深层次的生命意义，对设计来说，不仅模拟其丰富纷繁的色彩、形态，更要通过对生物表面肌理与质感的设计创造，增强设计品形态的仿生功能和表现力。例如自然界中蜻蜓的每片翅膀前缘的上方，都有一块漂亮的角质加厚部分，生物学上叫翅痣或翼眼，它起着使飞行平稳的作用。人们仿照翅痣，在飞机的机翼上设计了加厚部分，于是战胜了颤振，保证了快速型飞机的安全（图3-24）。

（二）形态的量感与空间

体形态的量感有两个方面：物理的量和心理的量。物理量就是体积、

图3-21 具象形态

图3-22 抽象形态

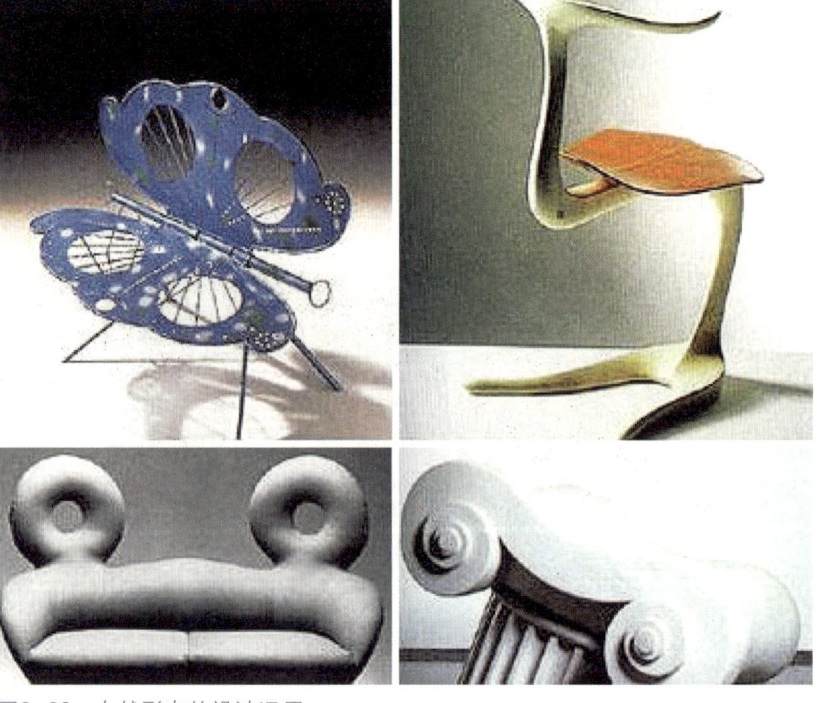

图3-23 自然形态的设计运用

大小、多少。心理量不但和体积、大小、多少、轻重有关,还与轮廓、色彩、质地、肌理等诸多因素有关。心理量感是心理判断的结果,是无法用物理方法来获得的,它源于物理感,又与之不同。

如图3-25所示,实际上中心两个黄色球体具有相同的物理量,但给人的感觉却是下面的黄球更大一些,也就是说它们的心理量不相同。如图3-26所示的两个立方体的体积一样,质量相当,具有相同的物理量,但使用材质不同,上面的长方体相对柔软,而下面的长方体给人以更坚硬的感觉,它们具有不同的心理量。

在景观设计中,"量感"能够体现出设计作品的高大、神秘、雄伟、庄严等感觉。如图3-27所示为占地面积相当的两个候车亭的设计方案,二者使用的材质基本相同,也就是物理量基本相同,但上面的设计给人感觉更敦实、雄壮;下面的设计更纤细、明快,它们的心理量不同。

在现代设计中,将量感、空间、时间视为重要的元素,所以基础设计中所强调的空间创造,绝不仅是处理形体与

图3-25 大小相同的黄球心理量不同　　图3-26 质量相同的长方体心理量不同

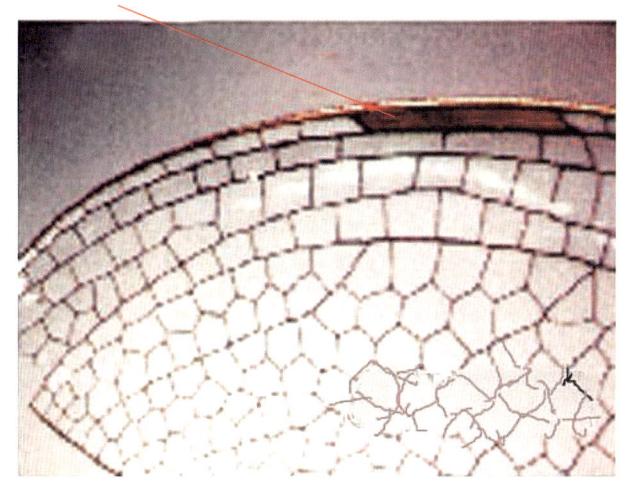

图3-24 蜻蜓与直升机

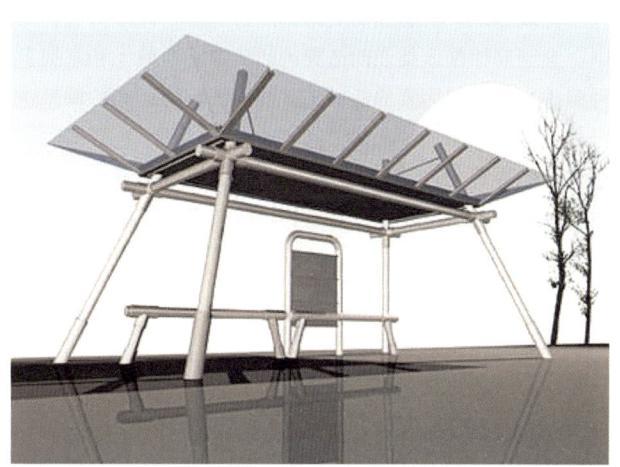

图3-27 景观设计中的量感体现

形体之间的关系，更重要的是形态与所处空间的关系。

空间感是形态向周围的扩张感，在许多设计中，空间感被认为是设计成败的关键因素之一。空间感可分为物理空间感和心理空间感：物理空间是实体所限定的空间，心理空间则是人类的虚拟领域，但却是能感受到的空间。物理空间比较容易把握，而心理空间更具打动人心的艺术效果。除了要注重物理的空间外，还要注重所存在着的量感与心理的紧张关系。

第二节　设计美的形式法则

设计的形式美，指构成设计物的物质材料的自然属性（色彩、形状、线条、声音等）及其组合规律（如整齐一律、节奏与韵律等）所呈现出来的审美特性。

形式美是客观事物外观形式的美。包括线、形、色、光、声、质等外形因素和结构等，（结构是将这些因素按一定规律组合起来，以表现内容）。形式中的色彩、线条、形态等原本是现实事物的一些属性，按照一定规律组合起来，就具有了审美意义，其组合规律包括两个层次：**一是总体组合规则**，即和谐，要求达到多样统一；**二是各部分组合规律**，主要有平衡、对比、对称、整齐、比例、节奏、宾主、参差等。

构成形式美的感性物质材料组合规律，即形式美的法则，这些规律是人类在创造美的活动中不断熟悉和掌握各种感性物质材料因素的特性，并对形式因素之间的联系进行抽象、概括而总结出来的（表3-4）。设计品要同时满足实用与审美的双重要求，就必须深入设计作品的形态内部去探求其本质及规律，有意识地运用设计美的构成法则去实现设计品的功能要求。

表3-4　　　　　形式法则

物理形式法则		心理形式法则	
整齐与参差	主从与重点	过渡与照应	稳定与轻巧
对称与平衡	节奏与韵律	渗透与层次	质感与肌理
比例与尺度	调和与对比	黄金分割律	多样与统一

一、抽象单纯的形式法则

具象形态指那些未经提炼加工的自然形态原型；抽象形态指那些经过视觉提炼加工的人工形态。

从视觉效果看，单纯形最为醒目，也最易被识别。实践表明，远看的效果往往只表现图形的重点和总趋势，尤其在对象所传达的物理刺激减弱时更是如此。抽象图形的表现手法、视觉表现方式会给消费者留下极大想象空间。包豪斯的著名教师莫霍利·纳吉（Laszlo Moholy Nag），受俄国构成主义设计的影响，十分热衷于通过各种几何形和抽象线条来表现画面，使画面具有理性的形式美感。纳吉在平面设计中常并置几何形，并通过强烈的色彩对比来提升画面的冲击力，另外，他也特别注重表现设计的空间感，并把这些特点运用于各种平面、立体的设计中（图3-28）。

伴随人类文明的不断发展，科技的创新，视觉传达设计发展速度逐渐提升。为了使非形象性转化为可视特征图形，设计者在设计创意时应把表达对象的特征部分抽象出来，可以借助纯理性抽象形的点、线、面、体来构成象征性或模拟性的形象。

抽象形式造型简洁，耐人寻味，产生一种理性的秩序感，或具有强烈的现代感和视觉冲击力，给观者以良好的印象和深刻的记忆。我们通过对设计作品中的抽象表现形式进行解析，了解到"抽象"并非只是形式的游戏，它的深层意义是富于内涵，并反映我们情感、精神实质的媒介。以字体设计而知名国际的日本设计师五十岚威畅，以阿拉伯数字和英文字母作为自己的设计元素，通过叠加、分离使设计富有趣味且有变化，既明快大方又耐人寻味。五十岚威畅的"建筑体字母"设计独树一帜，其采用体块变化，叠加交错，拉伸旋转等方式，把原本存在于二维平面空间的字体立体化，以建筑手法进行字体创作。五十岚威畅在字体形式美构成上很注重点、线、面、体的巧妙应用，使得作品本身条理性更强，构图缜密，视觉效果强烈，突出主题。五十岚威畅说过："26个罗马字母本身没有任何意义，但它们组合起来却能表示一切，正因其单纯和几何的形体，从这些基本形就能创造出许多变化（图3-29）。"

二、量感和张力的形式法则

与平面图形的立体感不同，产品是具有高度、宽度和深度三维空间的立体形态，在空间中占有实际体量。人们在对立体形态进行量的描述以及形态内力运动变化产生的审美感受中，形成了不同的体量感和视觉张力。

张力本是一个物理学概念，指"物体受到拉力作用

 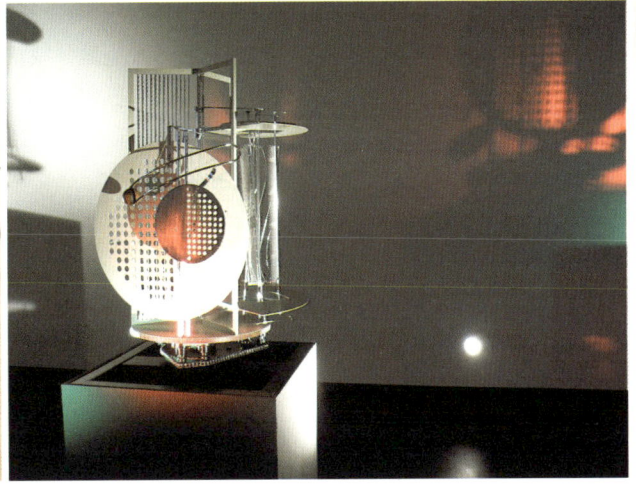 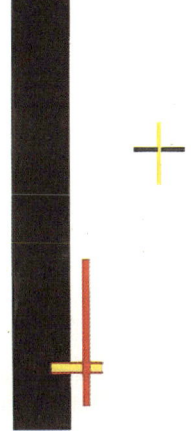

图3-28 莫霍利·纳吉设计作品

第三章 设计美的形式与构成

时，存在于其内部而垂直于两邻部分接触面上的相互牵引力"。在产品设计中，张力除了指产品外在形态的速度感和反抗力外，还包括产品内在形态本身所具有的气势感和生命力。速度感和反抗力能激发出兴奋、激动、进取、奋进的审美情感；气势感和生命力是现代艺术设计中最具有活力的形式法则。知觉上，动态平衡的基础就在于张力，点、线、面的结合、对比、过渡，其中蕴涵着内在的倾向性张力，所以运动的形体会有倾向性张力。

德国著名视觉诗人、平面设计大师冈特·兰堡（Gunter Rambow）的平面作品，始终坚持用视觉形象语言说话，一切装饰性元素都让位于视觉功能。如图3-30中，空间的创造、式样的转换，利用密集凸显具有倾向性的张力，都带给我们视觉和心灵的颤动。如图3-31所示作品，他运用理性的思维，尝试用发散构成的方法来改善单纯的平面效果，构成视觉张力的艺术表达，新颖的创意拓宽了我们的视野。

如图3-32所示的这张平面作品能更好地解释这种张力的本质，图中基本元素的环形聚集，构成了画面中螺旋的空洞，这种圆形构成具有的运动特征就是以圆心为中心向外呈发射状运动。如果图中有醒目的视觉设计元素，人们的目光就锁定在元素的聚集点，疏密得当的安排使得画面的聚集发散效果更加强烈（图3-32）。

无论是平面的立体表现还是真实的立体造型，对构成其量感与张力的各相关要素的分析与了解都很重要，如形态、重量、结构、模拟、表现、气韵以及色彩、质地等。立体既可以是能明确指出界限（可计测重量，也能丈量长宽高三度空间）的物体，也可以是依视知觉判断的立体，还可以是用点、线、面、体等要素构成真实量感的立体。因此，量感的立体表现可大体分为以下几个方面：

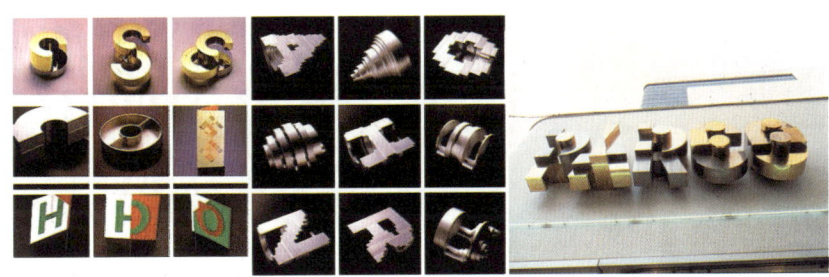

图3-29 五十岚威畅作品

图3-30 不动之动的视觉张力　　图3-31 发散构成视觉张力

①简块状。诚实可靠、敦厚纯朴的量感。如实心的铸铁件产品、回归自然的实心木质家具等产品造型,如图3-33所示。②凹凸状。如凹凸互补、圆滑与尖锐的形状以及相互对比等,都是加强原始块状对大小量感表现关系的常用造型手法,如图3-34所示。③曲面状。可以改变原有的质感和重量感,形成轻巧、单纯的审美感觉,如图3-35所示。④虚实状。可产生梦幻般轻快活泼且超现实的审美感觉,如图3-36所示。

三、和谐与有序的形式法则

早在旧石器向新石器时代过渡时期,先民们就已经在磨制石器的过程中显现出对光滑与对称的审美追求。经过漫长时间的进化和应用的实践,人们逐渐形成了对统一与变化、调和与均衡、节奏与韵律等审美构成法则的认同,并遵循着这些规范与秩序从事美的创造活动。设计美的和谐与有序主要体现在以下几个方面。

1. 变化与统一

变化与统一既相互对立又相互依存,是构成形式美极为重要的法则之一。根据表现目的和设计要求,设计师应注意把握好变化与统一的以下法则:①主从和谐。处理好视觉构图的主要和从属的关系,是实施统一法则的前提(图3-37)。②元素重复。将单一图形或某种基本造型元素多次重复,以使造型表现具有变化魅力(图3-38),如:二方连续、四方连续的图案构成等。③收敛聚焦。如雨伞的鹊顶、电风扇的轴心等,都能给人带来赏心悦目的审美感受(图3-39)。

变化与统一法则在运用之中是多样的、富有创造性的:如利用主题来统一全局,所有造型均围绕一个特定目标定格调;利用线的方向来形成指示性的趋同感;选择形态与大小统一的元素形成富有亲密和谐的视觉同一性;运用色相变化的方法,以一色或多色来控制造型主调;采用明度聚光、利用明暗关系来集中注意力,依靠纯度变化衬托主题;用鲜艳或沉着的色彩来突出重点;利用材料的质地变化,形成触觉差异或触觉视觉化效果等。巧用变化与统一的法则,可以收到意想不到的效果(图3-40)。

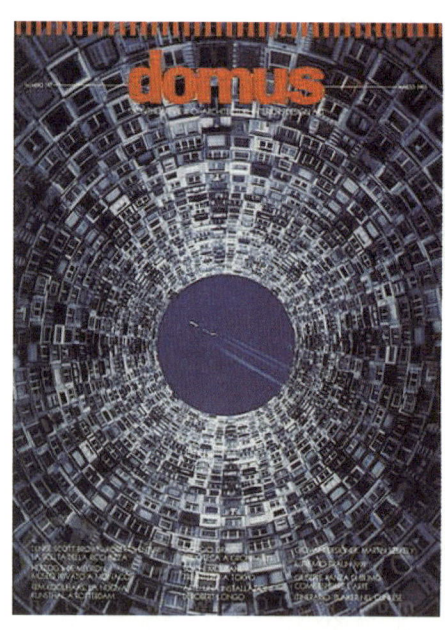

图3-32 凝聚视中心的视觉张力

图3-33 简块状

图3-34 凸凹状

图3-35 曲面状

图3-36 虚实状

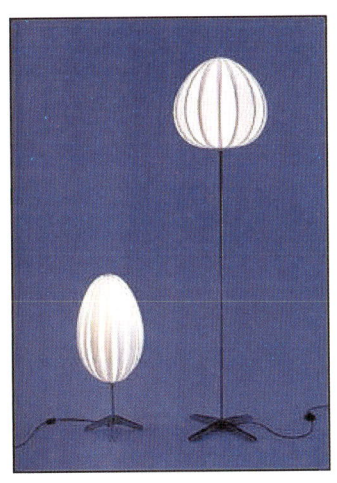  

图3-37　主从和谐　　　图3-38　元素重复　　　图3-39　收敛聚焦

图3-40　多样统一

2. 对比与协调

对比是事物之间差异性的表现和不同性质之间的对照，通过不同色彩、质地、明暗和肌理的比较产生鲜明和生动的效果，并形成在整体造型中的焦点。协调则是将对立要素调和一致，构成整体，给人丰富和稳健的审美感受。

在设计形态中常用的对比与协调构成主要表现为：

（1）形状的调和对比。如大小、长短、水平垂直等。

（2）色彩的调和对比。如黑白、明暗、丽朴、冷暖等。

（3）材质的调和对比，如凹凸、软硬、光滑粗糙、素面花面等。

（4）空间位置的调和对比。如前后、左右、上下、高低、向心离心等。

宇宙间的一切事物都存在着既调和又对比的相互关系。有调和才有秩序，有对比才有生气。把两个明显对立的元素放在同一空间中，经过设计，使其既对立又谐调，既矛盾又统一，在强烈反差中获得鲜明对比，求得互补和满足的效果。景观设计中，常常利用形状的对比、造型的对比，而色彩、材质去调和等达到一种特别的审美趣味。如图3-41中，街头景观中粗与细的架构形成趣味对比，色彩统一又形成调和的视觉审美。很多产品设计，利用色彩对比，形状调和的手法，能达到视觉的舒适。如图3-42所示是阿莱西集团产品，"安娜与她的男朋友"开瓶器（左图），用一对情侣的形象达到趣味的调和对比；右图的腕表设计运用色彩对比、形状调和来达到审美意味。

这些对比在设计形态中千变万化，多姿多彩。对比固然是重要的，但只有对比，没有调和，则难以构成有机整体，就无美可言。调和的手段是多种多样的，条理、呼应、重复、次序等，是形成调和最常用的手段。对比与调和对设计美的形成十分重要，在设计中，要善于权衡二者的关系，根据实际情况灵活处理。在对比与调和的辩证统一中，侧重于对比或侧重于调和能产生特别的美学意味。

3. 对称与均衡

均衡对称极富沉着而安静的美。对称是指由两个以上的单元形状，在一定秩序下向中心点、轴线或轴面构成的引射现象，还表现为移动、反射、回转等形式。如图3-43、图3-44中都是运用对称的形式法则取得很好的设计视觉效果的例子。

对称，只要了解一部分造型就可以类推全貌，在视觉上易记易识，呈结实统一的构图效果。在设计中，如二方连续图案或四方连续图案，常用均衡对称的设计手法使设计作品看起来和谐有序，达到秩序化或者沉稳舒适的设计效果。在室内设计中，对称给人以秩序、庄重、整齐的和谐之美。呼应也有"相应对称""相对对称"之说，有时采用呼应的手法处理形体，会得到均衡的形式美。如图3-45所示，在满足功能要求的前提下，使各种室内物体的形、色、光、质等组合得到对称均衡，成为一个非常和谐统一的整体，使人们在视觉上、心理上获得宁静、平和的满足感。

均衡是一种等量不等形的组合形式，它是根据力的重心，将各种分量进行配置和调整，从而使整体达到平衡的状态，强化了事物的整体统一性和稳定性（图3-46）。对形体轻、薄、小、巧的设计应注意安定的艺术处理，对重、厚、大、拙的产品设计应注意轻巧的艺术处理。如对于玻璃、陶瓷、金属等重质材料制成的器皿，应着重处理轻巧的设计；而对塑料、纸品等轻质材料制品，则应在产品形态设计的处理上注意营造安定的视觉效果。设计师（托尼·李）设计了一款名为"Pinji"的边桌，巧妙地将花瓶和边桌结合，非常有趣。另外，边桌采用了不平衡的设计，让人看了感觉要翻倒，但大可不必担心，它的重心在底部且非常稳固（图3-47）。

均衡的基本形式是平衡，平衡在设计中有三种基本手法，见表3-5。

图3-41 形状的调和对比

表3-5 设计中的平衡法则

稳定平衡	将物体的基座加大，或重心下移，用以提高物体的稳定程度，如器皿设计
不稳定平衡	在重心下面的一点支撑物体，稍受外力作用即刻倾倒，呈不稳定平衡状态
中立平衡	无论物体如何移动均能保持其重心位置不变的形态

4. 节奏韵律

一切不同要素有秩序、有规律的变化均可产生节奏韵律美。在音乐舞蹈中，节奏韵律表现为一定的节拍、快慢和强弱。在设计中是以形体的厚薄、高低、大小，色彩的浓淡以及材质的粗细等视觉感受来表现节奏韵律的。

设计美构成中的节奏韵律主要表现：

（1）重复律，即对单元或不同要素做出有秩序、有规律的重复变化，如建筑物由窗户、壁柱、嵌墙和水平线脚等形成重复变化的韵律感（图3-48）。

（2）渐变律，即对单元按顺序进行疏密、厚薄、方向、大小、形状组合编排，以构成放射性变化的韵律感。中国古塔的建筑形式就是由层高、边檐、斗拱等构成丰富的渐变韵律的（图3-49）。

图3-42 形状、色彩的调和对比

图3-43 蝴蝶凳——柳宗理设计　图3-44 室内设计

图3-45　均衡对称的室内设计

图3-46　均衡感产品设计

图3-47　Pinji边桌

图3-48　重复律产品表现

图3-49　渐变律建筑表现

(3)起伏律,是根据规律性的增加或递减、体量的轻重或视认性的强弱,形成能用数的比例计算出来的层次感。如鳞次栉比的现代都市建筑群,以及高矮起伏、虚实变化的室内家具等(图3-50)。

(4)回旋律,是依据回旋的曲率与曲势,呈现涡旋状变化的规律运动,形成具有运动感的律动表现。单纯的流线型本身就是一条极有深度的韵律线(图3-51)。

形式美法则,是人类在创造美的形式、美的过程中对美的形式规律的经验总结和抽象概括。主要包括:对称均衡、单纯齐一、调和对比、比例协调、节奏韵律和变化统一。自然物质材料经过空间排列组合,构成符合形式规律美的各种设计。当色彩、形态、材质、肌理等形式要素符合对称与均衡、调和与对比等形式法则时,就可使人产生美感。研究、探索形式美的法则,能够培养人们对形式美的敏感性,指导人们更好地去创造美的事物。

图3-50　起伏律家具表现

图3-51　回旋律建筑表现

第三节　设计美的构成要素

设计美的构成要素、构成法则是研究设计美学的重要内容。构成设计品的材料、结构、功能、内容要素,是使设计构想变为现实产品的物质基础,也是形成产品设计美的重要媒介;而构成产品的形态、色彩、语义等形式要素则是在满足人们对设计品使用需求的基础上同时满足审美需求的重要手段,也是企业提供高产品附加值以增强市场竞争力的有效途径。

一、材料美

材料是构成设计形式美的第一要素。自然的材质纹理,在设计中被恰当利用,在技术上加以发挥,使之达到其目的,获得一种技术美。在现代工业化社会,这些独特的手工艺技术之美是值得重视的。

材料通过一定的技术加工,供人使用,并且材料的特点在精心设计加工中得到了更好的利用和发挥,显示出独特的个性。如图3-52中的"边桌",其由陶瓷材质制成,这种材料与家具领域常用材料完全不同。桌子的特殊设计使它看起来像织物。多个接缝和折叠装饰在桌子的侧面,由特殊的参数化软件生成。纺织纹理的外观赋予它紧密拉伸、面料轻盈的感觉,直到你的手指触摸到它,才能感受到陶瓷的冰冷。

人类造物离不开材料,根据材料的性质特征和用途,材料学上把材料分为结构材料和功能材料两大类。考虑到材料的设计特点,我们把设计材料分为天然材料和复合材料两大类。设计师在设计中恰当运用材料能够更好地表达设计情感,而了解材料的特性能获得更好的设计效果。

（一）材料具有符号性

一定的材料由于有了一定的应用习惯从而形成一种符号。材料成为一个地方形象的代表，一种象征性符号。材料作为一种符号被广泛应用，是实用文化与审美文化的完美统一。一种材料的长期使用，必然会对使用者产生深刻影响，人们习惯了某种材料及其制品，便形成了一种文化现象，成为某种地区风俗习惯的一部分。

中国建筑自古以来以土木为主要建筑材料，而西方主要以石头为主要建筑材料。中国以农业为主的原始经济，使得人们对土地和植物有着特殊的眷念，造就了中国人自古以来重视人与自然和谐共处的生活方式，所以从上古时期建筑材料的选择上，人们自然将十分常见的土木作为最基本的建筑材料。而后衍生而成的"天人合一"的宇宙观，更是将人与自然看成一个整体，将土木结构作为建筑最基本的材料，从本质上说是重视生命亲和关系的体现。以土木为建筑材料，在质感上偏于朴素、自然、优美、和谐，更富有生命的情调和阴柔之美，从本质上说是重视生命亲和关系的体现（图3-53）。

西方人选择石材作为建筑材料，其质地坚硬、可塑性很弱，给人以力感、力度和刚度，体现了一种阳刚之美。位于地中海沿岸的古希腊、古罗马地势崎岖，河流短促，缺少平原，土质稀松而石材丰富，蕴藏大量石灰岩和大理石等石材资源，这也成为古代西方人选择以石材作为建筑材料的自然环境基础。由于生产力的发展和宗教观念的影响，石材似乎蕴含着宗教的神秘感与神圣美感，选择石材作为建筑材料，一方面体现其追求真理的理性精神；另一方面在人与自然的关系中，强调人的力量能够战胜一切（图3-54）。

图3-52　陶瓷材质的边桌设计

图3-53　中国土木建筑——南禅寺一角　　图3-54　西方石材建筑——帕特农神庙一角

(二)材料具有情感性

材料的感染力来自长期与人的关系之中。人类使用物品的过程,也就是一个与材料发生密切关系的过程,在这个过程中各种材料固有的特性与人的日常生活经验相连,使人产生对材料的不同感受,如粗糙的、细致的、光洁的、典雅的、恬淡的、涩重的、冰冷的等感受,并逐渐上升为某种因素。从这个意义上说,造物材料也具有某种感情色彩,传达出与人的生活体验相似的感觉(图3-55)。

材料在视觉、触觉甚至听觉上给人带来了审美上的心理感受。材料的表情一般是通过视觉让人感知的,"材质感"几乎就是材料的视觉感。人对材料特性的感受是综合的,在视、听、触摸的同时得到强化。材料的情感因素会影响设计者对材料的选择,并带来了材料的审美性和社会性。

(三)材料具有地域性和习惯性

材料也存在着地域性的差别。自然材料的地域性十分明显。由于一地盛产某种材料,工艺匠人就地取材,制成具有地方特色的产品,成为所谓的"特产"。这些"特产"结合当地的自然资源与人文环境,是独特的,不可迁移的。

例如,依自然条件与可提供的材料,按照各自生产和生活的不同需要与习惯,建造了各不相同的建筑。在中国北方黄土地区,古代人利用黄土的特性,或用土坯或用夯土筑墙,以此筑成房屋,或构筑成窑洞居住。后来又用黄土烧制砖瓦用以盖房,既方便又耐久。在中国南方,由于气候湿润,植被茂盛,南方民居除了采用青瓦覆顶,以砖砌墙外,大量的建筑材料都是木材。西南少数民族地区地处亚热带,因为气候潮湿,迫使民居抬离地面,人们常用竹木搭成杆栏式建筑,便有了所谓的吊脚楼。而青藏高原上少雨干旱,昼夜温差大,当地则多砌筑厚墙式平顶碉房;蒙古族地区,人们依逐水草而居的游牧习惯而搭制帐篷式住房(蒙古包),这种房屋易于架拆迁移。如图3-56、图3-57所示展现的是山地居民与海边居民就地取材形成的设计形态。

(四)材料具有制约性

从宏观的方面看,中国传统工艺非常注重材料和技术条件,通常结合功能要求来设计东西。《周礼·考工记序》里有这样一句话:"审曲面势,以饬五材,以辩民器,谓之百工。"是指制造器物要取材应时,因材施艺,讲究"材美工巧"。"审曲面势,各随所宜"这是工艺与具体的技术和材料的关系。不同的材料各有其使用特性,也决定着设计造物的设计方法和加工工艺,所以材料对于设计有制约性。

现代材料的性能与设计的关系十分密切,材料的性能不仅决定了成型工艺与加工技术,也决定着设计的形式、装饰手法和艺术表现。设计师本身不了解材料与工艺,这个设计就可能无法生产或设计无法与设计师的预想相吻合,这要求设计师必须了解材料的类别与生产工艺,掌握正确的、常规的成型规律、基本规律,以便为设计的准确实施提供保障。如图3-58所示为恰当运用材料的案例,自然的材质,在设计中被恰当利用,可获得很好的设计效果。

材料的制约性主要表现在材料的特性上,设计师要在尽可能满足材料性能的同时,突破材料的某种制约,创造出适合人类造物的新颖材料。正因为有了新材料赋予技术

(a)粗糙、冰冷

(b)柔软

(c)透明

图3-55 材料的情感性

图3-56 石头路面

图3-57 海草房顶

图3-58 竹子与酒瓶的招牌

以新的内涵,才产生了新的设计语言、设计方法和审美形式,设计才能真正实现"用"与"美"的统一,并不断发展。

(五)材料的质地和肌理美

材料的质地和肌理构成的材质感是形式美的重要美感之一。所谓质地,是由造型材料的物理性能或化学性质等自然属性以及社会经济价值所显示的一种表面效果。材料的质地美具有静态的、深邃的、朴素的、雅静的审美特点。

所谓肌理是指造型材料的表面组织结构、形态和纹理等所传递的审美体验。肌理效果的构成分为两种情况:一种是材料表面的高低起伏使人产生或粗糙或光滑的半立体形态的感觉;另一种则是材料表面的纹样不同、色彩不一或疏密有别所产生的视觉效果。材料的肌理美具有动态的、意匠的、生动的、智慧的审美特点。由于意匠的肌理美比朴素的质地美更能体现人的创造性本能,因此,对材料表现力的审美活动主要集中在肌理美上。

肌理在造型中具有增强量感、丰富表情和传递语义功能的作用。

肌理可以增强形态的量感(图3-59):粗糙的肌理给人以厚重的感觉,细腻的肌理给人以平滑、含蓄的感觉。通过肌理配置的形体应该起到强化形体的各种机能的作用,而不是干扰或破坏形体的整体美。

肌理可以丰富形态的表情（图3-60）：肌理经常被用于家具、产品以及建筑的表面，不同肌理的使用能够大大丰富物体表面的含义，所以要将肌理配置在视觉容易触及的部位来增加物体的感情色彩。

肌理可以传达形态的功能（图3-61）：人们往往利用肌理的特性赋予肌理语言的功能，通过对材料表面纹理方向的加工来提示使用者其操作功能。

二、结构美

结构本身就富有美学表现力。如建筑结构是指在建筑物（包括构筑物）中，由建筑材料做成用来承受各种负荷，以起到骨架作用的空间受力体系。建筑造型中可以充分利用结构中符合力学规律和力学原理的形式美的因素来增强建筑艺术的表现力，大体上来说：结构所具有的这些形式美可以归纳为平衡与稳定连续性和渐变性、力度感和形式感。新加坡双螺旋桥（图3-62），是世界上首座双螺旋人行桥，大桥采用不锈钢钢管建造的两条螺旋曲线相互缠绕，其设计结构就像脱氧核糖核酸（DNA），由两条主钢索朝相反方向环绕而成，象征生命、延续、更新和成长，也反映新加坡人对滨海湾新区的期待。

不同时代的设计结构美是不同时代生产力发展水平的信息载体和审美情趣的综合体现。斗拱是我国古代建筑中特有的构件，它密布于屋檐和平座回廊下面，那斗形的木块与肘形的曲木在柱头上层层叠加，在梁柱与屋檐之间搭起繁密有力的"骨架"，把立柱强大的托力逐层向上传递、扩散，布满上面每一个需要支撑的点，从而承受着屋檐与平座回廊的重量。而斗拱的作用，则是在建筑的梁和柱之间建立起一种"弹性联系"。其屋盖的荷重并不是直接由大梁落到柱子上，而是通过斗拱传到柱子上。斗拱是中国建筑最精巧、华丽的部分，无论从技术角度，还是从艺术角度来看，它都足以代表中国古典建筑的风格和精神（图3-63）。

同样，产品的结构也是产生美的载体，对产品结构的造型认知最初始于对自然界中生命形态的解析，随着人类对自然规律的认识不断加深，这些结构形态体现出人类在技术创造活动中对美的本

图3-59　肌理增强形态的量感　　图3-60　肌理丰富形态的表情　　图3-61　肌理传达形态的功能

图3-62　新加坡双螺旋桥

质的执着追求，是智慧的结晶。产品的结构主要指具有三维空间并为功能服务的产品各构件的内部组合方式。根据材料性能和零件组合方式的不同，一般将产品的结构分为塑造型和构筑型两大类（图3-64）。

塑造型结构，一般通过制坯、烧结、铸造、注塑等方式成型，呈现出动感和生命力，容易形成较为丰满圆润、起伏微妙的曲线造型效果，给人以感性、形象的审美感觉，如图3-64（a）中的塑轮。构筑型结构，呈简洁几何形造型风格，严格遵循力学的逻辑规律，多采用垂直方向的叠加和在水平方向展开的对称结构形式，容易形成规律性和秩序感，给人以理性、逻辑的审美感受，如图3-64（b）中的建筑架构穹顶。

三、功能美

一个具有美感形式的设计，必定有着良好的结构和合理的功能表达。一个完美的结构完全能表现出合理的功能与形式美，一个外表难看的结构表明它在某些方面还存在着一些欠缺之处。

产品的功能是指产品合目的性、合规律性的功用和效能。"工业美""功能美"等诸多新美学观念的产生与确立，使"功能美"成为现代产品美学、设计美学的一个核心概念。功能美是设计物的功能效用和使用目的合理性，它的形成是将设计活动中的功利内容凝结成为形成要素的过程，是人的生活经验向审美直觉的转化。

从设计角度来讲，设计品的功能因素分为实用功能、认知功能和审美功能三部分。但功能划分有很多方法，划分方式不同，功能的分类也不同，按产品的重要程度划分，产品的功能可分为基本功能和辅助功能，基本功能是用户购买产品的原因和产品存在的条件，辅助功能是附加在产品上的二次功能，是实现基本功能的手段和方式。如图3-65中，咖啡机、电视柜、厨房操作台均根据不同用途具有基本功能、辅助功能。

按产品的实际用途划分，可分为使用功能与审美功能，使用功能是产品的实际用途、特定用途或使用价值。审美功能是产品的外观造型、艺术魅力或情感价值；按用户的经济评价划分，可分为必要功能与剩余功能。

设计美的构成所要研究的功能重点是与产品附加值直接有关的辅助功能和审美功能。

功能美是设计美学的核心，是设计的关键，即设计价值取向和合目的性。

图3-63 斗拱

（a）塑轮　　　　　　　（b）建筑架构穹顶

图3-64 塑造型结构与构筑型结构

（a）咖啡机　　　（b）电视柜　　　（c）厨房操作台

图3-65 基本功能与辅助功能

一件设计品的价值取向是与该产品的功能目的相联系的，设计品的结构形式、工艺色彩、材料加工要体现功能，要注意以下四个方面：

（1）功能美是依附于产品的功能而存在，不可脱离其功能随心所欲的追求纯粹的形式美感。如图3-66所表现的新式浴缸，正是因为设计者追求浴缸给人带来多功能的满足，才设计这种能够享受阅读、休息、洗浴一体的新式浴缸。

（2）功能美又是能够超越功利性的，因为不是所有使用的产品都具有审美价值，所以不能将实用性作为唯一功能，而放弃任何其他形式因素，甚至将功能与形式对立。

（3）功能本身不能直接构成美，但使用过程中产生愉悦，也就产生美。如图3-67中所表现的可移动灶台，能够满足户外野营、军事拉练、美食大赛等炊事需求，其产生使用愉悦，也就产生了美感。

（4）功能美的实现有多方面。它不仅可以通过合目的性的造型、结构、形式来表达，还可以通过其他审美因素的作用，尤其是材料选择与合理加工，使产品功能美的感性形式从多方面凸显出来。

四、技术美

技术的使用在现代社会无所不在，它支配着现代生活，因特网、飞机航行、通信卫星等对地球上人们的生活有着很大影响。设计是艺术和科学技术的结合体，科学技术给设计以坚实的结构和良好的功能基础，因此，以技术为前提，用艺术的手法创造和生产出具有美感且实用的产品，能更好地为人类服务，提高人们的生活水平。

（1）技术品的美学存在依赖于科学技术的发展水平，因此技术美具有很强的变异性。如20世纪三四十年代，随着成型技术的发展和完善，流线型设计风格受到人们的青睐，没有成型技术支撑也不会有流线型设计。第二次世界大战以后，欧美各国经济迅速发展，科学技术不断进步，特别是自动化技术、电脑技术、通信技术、材料技术的进步，使得许多功能优异、操作便捷的新产品问世，这不仅极大提高了人们的生活质量，也创造出新的技术美。

（2）技术的正确性是构成美的必要条件。审美价值的产生和人的审美感受的丰富都离不开社会物质生产和人的技术实践活动。技术的发展经历了手工技术和现代技术两种不同性质的阶段，由此也使技术美具有了不同的形态特征。

（3）技术美是技术与艺术的统一与融合。技术是设计不可分离的本质属性之一，技术是创造表现形式的手段。在现代社会中，不仅要认识到注重技术与美的统一，还要认识到技术与美的差别。技术美最终要体现在设计品的功能上，这才是技术美的根本目的。

（4）技术美的审美趣味和审美理想均具有短暂性。审美趣味，从理论上讲，具有变异性与恒定性两面。变异是绝对的，恒定是相对的，脱离时代要求，一成不变或太过超前的产品都不可能获得高的审美评价。一个炫耀技术参数和配置的手机的技术美几年后就会被人视而不见，而一个有高超手工艺技术的设计品却能得到一代又一代人的欣赏，因为它具备了艺术的品质。几乎不可能有永恒的、几代人都认为是美的技术品。

（5）技术美的审美方式是静穆的观照与操作性体验的结合。由于技术品毕竟是日用品，而不是陈列品、装饰品，因而操作性体验在两种审美方式中占据主导地位。目前，一些工业产品有重视产品静观时的审美效果而忽视产品操作时的审美感受的偏向，这应该改进。关于操作时的

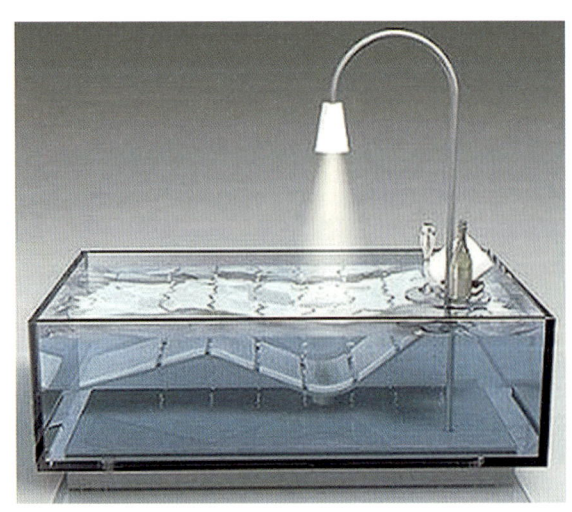

图3-66 功能美——新式浴缸

图3-67 功能美——可移动灶台

审美体验，应该以安全、简单、方便、舒适为宜，它越是能满足人们功利性的要求，就越能受到人们的喜爱。如图3-68所示折叠键盘，携带方便，用一个USB端口可以连接任何电脑，非常清洁耐用。如图3-69所示概念车，是以太阳能和生物燃料为动力。这些都是技术带来的操作愉悦进而产生的审美体验。

所以技术美实质是操作愉悦产生的美感。从本质上说，技术美是普遍的、大众的、共同的，是一种共同美。理解技术美背后的相对性和绝对性的差异，有利于我们在设计活动中采取不同的策略，寻找相应技术美的突破点。

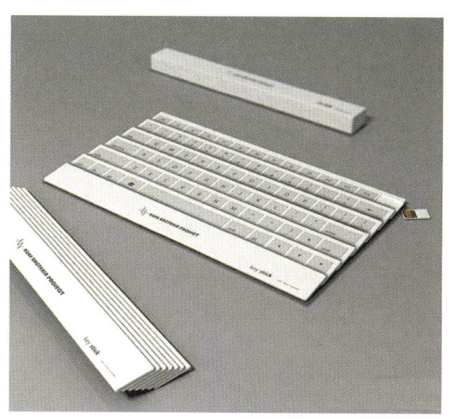
图3-68　折叠键盘

图3-69　概念车

五、色彩美

色彩是设计美的重要构成要素，它可以直观而生动地将设计师的想法或意念传达给消费者。而色彩也不能脱离形体、空间、位置、面积、肌理等而独立存在，色彩是一切造型艺术的灵魂，没有色彩，所有艺术的形态都将失去它最有价值、最有意义的构成部分。所以色彩在设计功能、传达情感、深化设计寓意等方面有很重要的作用。

（一）象征性是色彩美的重要因素

色彩本身是没有象征意义的，但它可以使我们联想到某种事物或某段记忆，进而影响我们的情绪。不同色彩所引起的联想与人的年龄、性格、素养、民族、地域等因素密切相关。影响色彩联想的因素也是丰富多样的，在人的不同年龄阶段，个体的色彩想象能力存在一定的差异。儿童大多喜欢非常鲜明的颜色，如婴儿多偏好红、黄两色；青少年多偏爱绿色和红色，其原因是绿色和红色让人联想到生机勃勃的大自然和自然界中充满生机的红花绿树，这些色彩的偏爱与青少年精力旺盛、淳朴天真的心理特质是相吻合的；而成年人由于生活经验和文化知识的丰富，色彩的喜好除了来自生活的联想以外，还有更多的文化因素。

色彩的联想是一种创造性的思维能力，即所见颜色会受到人自身经验、记忆、知识等的影响，联想越丰富，对于色彩的表现也越丰富。由于不同的人有着不同的生活经历，当某种色调出现时，他们会联想到社会生活实践中的某些抽象概念或具象概念，并引发情感上的共鸣。如图3-70所示色彩抽象联想，及图3-71所示色彩具象联想，都反映了色彩的情感特征和象征特点。

在设计中通过某种色彩组合，产生不同的视觉感受，使人产生一种心理的联系与共鸣色彩的心理效应，能诱发人们的心理活动，会产生冷暖、轻重、软硬、素艳等知觉的感受，利用色彩心理效应会取得较好的设计效果。

色彩的兴奋感与平静感，主要取决于色彩的冷暖关系。色彩的华丽与朴素感主要取决于纯度。如图3-72所示两种色彩可以感觉到纯度越高，色彩越华丽；纯度越低，色彩越朴素。明度、色相也会对华丽感与朴素感产生一定的影响,明度高的色彩,偏暖色的色相更有华丽感。

色彩和性别有一定的关系。男性的色彩偏冷色,色调稳重,明度较低,偏中纯度,能够展现出男性刚毅、冷静、硬朗和阳刚的特征。女性的色彩是以红色为中心的暖色,尤其紫色最能体现女性魅力。代表女性的色彩色调偏粉,色彩明亮,纯度也偏高,色彩的对比不强烈,展示出女性的温柔、雅致等特征。例如在化妆品外包装设计上,深色男性化,浅色女性化,冷色男性向,暖色女性向(男性向和女性向是指一般给男性用和给女性用,不代表本身男性化和女性化,比如浅蓝色就是"女性化男性向"),这都是社会赋予的颜色性别,这种观念大部分是受后天文化影响形成的,设计师也遵循规律,巧妙运用(图3-73)。

色彩的软硬感,与色彩的明度、纯度的关系最大。明度和纯度高的显得轻,如桃红、浅黄色,明度和纯度低的显得重,如黑色、深褐色。如图3-74所示雍正"粉彩"瓷是色料中掺入玻璃白,所以也称"软彩",而康熙"五彩"瓷就是运用了釉上蓝彩和黑彩,形成了多种颜色的搭配,也称"硬彩"。

(二)情感性是色彩美的重要特点

色彩本身并无情感,它给人的情感印象是由于人们对某些事物的联想所造成的,不同的时代、民族、地区以及生活背景、文化修养,还有性别、职业、年龄等不同,使人们对色彩的理解和感情各显差异。

由于色彩的冷暖差别而形成的色彩冷暖感觉,也会产生情感。红、橙、黄使人感觉温暖;蓝、蓝绿、蓝紫使人感觉寒冷;绿与紫介于冷与暖之间,称为中性色。色彩的冷暖对比还受明度与纯度的影响,白光反射率高而使人感觉冷,黑色吸收率高而使人感觉暖。将对比的冷暖色并列,冷暖感觉会更加鲜明,使冷的更冷,暖的更暖。过分

色彩	抽象联想		色彩	具象联想
红色	热情、紧张、欢快、兴奋、危险		红色	太阳、火焰、红旗、鲜血
橙色	高兴、活泼、精神、热闹、温和		橙色	火光、橙汁、蛋黄、秋叶
黄色	愉快、开心、明朗、精神、光明		黄色	稻谷、玉米、蛋糕、柠檬
绿色	年轻、新鲜、希望、平静、安稳		绿色	森林、田野、草原、绿叶
蓝色	沉着、凉爽、寂寞、深邃、诚实		蓝色	天空、海洋、湖泊、血管
紫色	哀伤、神秘、优雅、高贵、怀念		紫色	彩霞、紫云、花朵、葡萄
白色	纯洁、正派、神圣、开明、洁净		白色	雪地、浪花、瀑布、白纸
黑色	不安、死亡、阴沉、迟钝、中立		黑色	黑夜、深渊、地道、污垢

图3-70　色彩抽象联想　　　　　　　　　　　图3-71　色彩具象联想

图3-72　色彩的华丽与朴素

刺激的配色，容易使人视觉疲劳、精神紧张、烦躁不安；过分暧昧的配色，由于色彩过于接近，形象模糊，也会使人视觉疲劳，产生不满足、无聊乏味之感。一般暖色具有积极的作用，高明度色彩具有开朗的性格，也具有刺激效应；而一般冷色具有消极作用，明度低的色彩具有安定性质，彩度低的色彩具有镇静效应。如图3-75所示，冷、暖不同的室内色调会产生不同的情感。

色彩不但具有冷暖的情感特征，而且和人的性格也有所联系，另外，色彩的情感特征和民族风俗也有关联。一个民族的风俗习惯能形成一个民族的群体色彩偏好心理，这种群体偏好是依赖于社会、历史的生成和积淀。一个民族的风俗习惯一旦形成，便具有较强的稳定性，不会轻易改变。例如，阿拉伯民族爱穿白色的长袍，这和阿拉伯国家的地理环境，人们的生活方式、民族文化都有密切的关系。一方面，白色可以反射太阳光，少吸收一些太阳的辐射热；另一方面，长袍的内部结构可以形成一个通风管道，当有微风吹来时，空气可以从上而下流通，带走身体的热量，使人感到凉爽舒适。同时，白色也象征着纯洁和吉祥，在阿拉伯人的文化中有着重要的地位。

人们的色彩心理还受地域与环境的影响，不同的地理环境条件造就了不同的色彩喜好和色彩想象，即便是同一个民族、同一个国家，由色彩引发的心理感受也会因生活环境的不同而有所不同。而人们有时也会因为长期处于某种环境而对相应的环境色彩有心理上的依赖感，如在沙漠地区，由于特定的环境条件造就了人们对绿洲和水源的渴望，所以对绿色会有特殊的珍爱之情。从世界整体范围来看，处于南半球的人会更容易接受属于自然变化的色彩，强烈且鲜明，而处于北半球的人则喜欢较暗淡、色调柔和的色彩。

图3-73　色彩的性别倾向

图3-74　瓷器"软彩"（左为粉彩）与"硬彩"（右为五彩）

图3-75　冷、暖色调室内色彩

（三）功能性是色彩美的重要内容

由于色彩具有象征意义、情感特征，所以利用色彩的这些特点可以使设计色彩具有功能性。比如为体育运动员设计的服装中就应该采用一些色彩鲜艳的对比色，以达到醒目、易于辨认和记忆的目的；在家居的设计中，则可以采用一些柔和的色调，以烘托出家的温馨氛围；儿童服装多采用艳丽的颜色，男士正装多采用稳重的深色、灰色等无彩色，而高档女士晚礼服则多采用纯度高的华丽颜色。不同品牌由于定位不同，其服装的色彩也有差异。

但不可忽视的是人们对色彩使用的局限性和传统习惯，比如零食的包装色彩不能和药品同样处理。为体现药品干净、卫生、疗效可靠的定位，包装可采用淡蓝色、淡绿色等凉爽色调；为体现化妆品高雅、优质的定位，包装可采用粉色、淡紫色等优雅色调；为体现食品色香味美的定位，包装宜采用橙色、黄色等能增加食欲的色调（图3-76）。

同一品牌即使在同一地区，也会由于消费者地位、职业、年龄、性格等的不同，导致其对颜色的选择有所不同。因此，应根据不同细分市场的消费群体，进行详尽的市场调研，进行色彩企划和市场营销，以使商品的色彩适应其对应的消费群体。由于色彩在视觉上给人心理影响的第一效应最为明显，最能吸引和打动消费者，所以企业形象中色彩的应用对企业品牌文化的塑造具有重要的作用。色彩的独特性、差异性等特点，可使消费者容易识别企业形象或核心理念，容易使消费者建立品牌的忠诚度，如彩色的"苹果电脑"、黄色的"麦当劳"已经成为企业的形象代表，深入人心。

在室内设计中，用颜色做空间功能的区分往往是最直接有效的，有时甚至超过了实实在在的隔断的区分，因为它不仅进行了功能划分，同时保留了空间的通透性（图3-77）。

色彩不但在空间划分上起到很好的作用，而且能够利用色彩的一些心理效应使室内空间具有扩大或缩小的效果。如具有前进性的色彩：明度高、彩度强、暖色调；具有后退性的色彩：明度低、彩度弱、冷色调。如图3-78所示，室内整体采用高明度、高纯度的色彩，使人感觉整体空间是内缩的，而图3-79中使用灰色调和低明度的色彩，使整个室内空间感觉是外扩的。

瓦尔特·格罗皮乌斯（Walter Gropius）就色彩与空间功能之间的关系曾说："形式本身与用途及功能之间，有着某种正常的关系。当人们说一个正立面与其功能相适应时，这个立面的色彩和比例，就需要有一种能够被人们认为是美丽的感觉。"所以色彩可以直观而生动地将设计师的想法或意念传达给消费者。色彩是设计美的重要构成要素，是设计美中不可或缺的元素。

图3-76　化妆品、食品包装色彩

图3-77　室内色彩空间功能划分

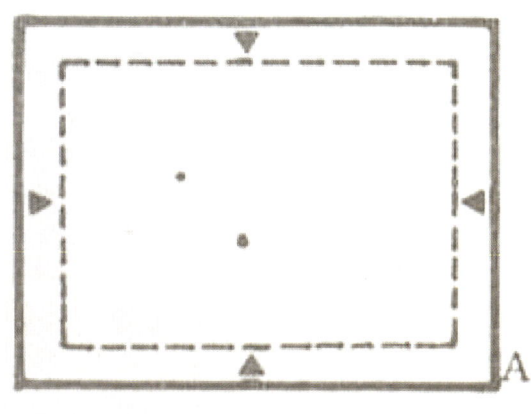 

图3-78　室内采用前进色将使空间缩小

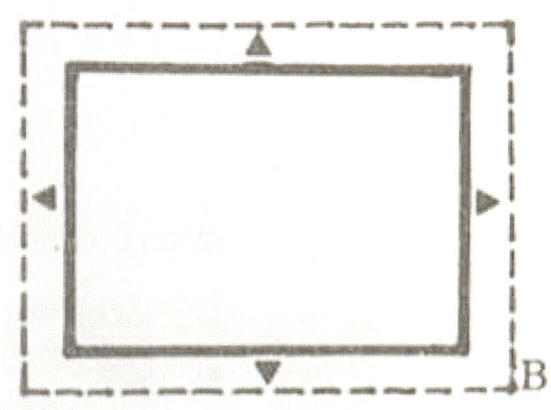 

图3-79　室内采用后退色将使空间扩大

六、语义美

所谓语义，即语言的含义、意义；语义学（Semantics）即探索、研究语言意义的学科。"产品语义学"这一概念的提出，是借用语言学的一个名词，它产生的理论基础，来源于符号学理论，但它的产生，却具有社会、历史、哲学的背景，设计史上关于产品语义的研究始于20世纪60年代。

设计艺术不仅是在创造艺术符号和构建有意义的形式，同时也在传达特定信息——思想、意念和情感的设计语言。作为载体，设计载有语义信息、形成设计语言、充当交际工具，此外，它也属于符号型语言范畴，是一种符号化的视觉语言。"设计语言"能通过明晰、有序、可储存、可传递的视觉形态，来传达设计自身的思想、情感、知识等信息图像符号系统。从符号学角度讲，设计语言是由点、线、面、色彩、形等符号元素构成的，点、线、面、色彩乃至图形，都是意义和信息的载体。

（一）设计语义的表意功能

优秀的设计在对设计语义的把握上经过系统、全面的分析，充分运用设计符号使设计品的功能与形式达到高度统一。设计语义不仅体现出设计的象征意义和文化内涵，还体现出设计对人（使用者）的关怀。在设计艺术中，通过使用图形语言进行象征、借喻、表现来传达和阐述设计的意图和思想，体现设计的主题内容，这也是设计语义的重要功能。

美国设计师丽萨·克诺（Lisa Krohn）和图克尔·维美斯特（Tucher Viemeister）于1987年设计的电话应答器是运用"产品语义学"的经典范例。这是一个听筒和应答器合二为一的产品，被设计成电话簿的样子，通过新技术，综合了录音、播放、复印信件的功能，保留了人们对传统电话的一些认知功能，但在内容上发生了很大变化，它可以翻页使用，并在翻页时切换不同的内容，按键通过标准孔穿插而通用，简练、新颖、动感且层次丰富，给人以亲切熟悉的感觉，吸引着使用者主动掌握新技术（图3-80）。

而且设计语义可以通过产品造型元素或表征某一事物的符号来传达设计意义，实现产品与人的沟通。在表层上，设计语义是能够构成设计形态并直接发挥意指作用的形式因素，形态在设计中巧妙运用可以传达使用方法，不需要文字叙述，甚至成为一种通识。如图3-81所示，机器上橙黄色的转动按钮成为一种通识功能，成为设计语义。而在深层设计语义中，指设计意象、意境及语境等，主要发挥含蓄的指示作用，这些隐含性因素往往能赋予设计形态以附加性语义成分（情感意义、象征意义、联想意义等），而这些附加性语义成分，就是设计语义的内涵。

（二）设计语义的情感传递

人们通过言语表达信息、传递情感。而语义对于设计在情感传递方面同样具有重要作用。设计在社会文化环境下，是一种必不可少且可利用的资源。人类需要营造各种各样的设计，以满足自身发展需要，所以语义变得复杂与多元。好的设计语义使设计功能简单，让使用者愉悦，好的设计都是简单、便捷、舒适、充满关爱的。法国知名的时尚品牌乐上（LEXON），其很善于用设计传递情感，产品有电子设备、箱包、旅行用品、办公用品等，设计很简洁，示意很清晰，如图3-82所示，灯具和收音机的按钮操作简单，可以看出设计语义不仅使功能简单明晰，表现的情感十分温暖，而且悬挂方式也诙谐幽默，充满友爱。

再如，在展示设计中，利用清晰的设计语义可以使主题与空间相辅相成。展示设计从空间的布局、材质、形态、配色、空间关系等各个方面，到与主题相契合的空间布局与观展流线，均是语义化设计。空间布局内各个展示单元、观展流线上各个节点的生成，让空间形态（包括创意造型、材质照明等）逐步确立。观众从空间形态中去接收展示信息，把握展示主题。一定的展示主题，与一定的材质相匹配，以营造主题表达的良好展示氛围。如图3-83所示展示空间，其利用设计色彩语义营造海洋性主题，独特材质打造独特"气质"，让观众在进入空间的瞬间就能感知到这种独特的"气质"，产生相应的联想，由此自然突出展示主题。如图3-84所示空间设计语义可以引导流线，营造氛围。这种空间不再是固定刻板的场所，而是一种灵活多变的形态。

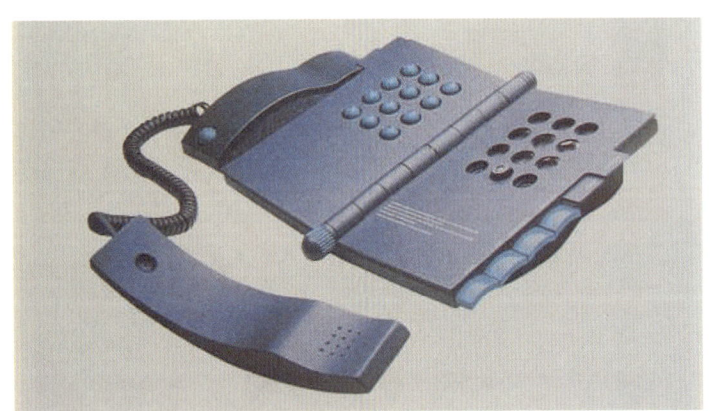

图3-80　电话机和应答器

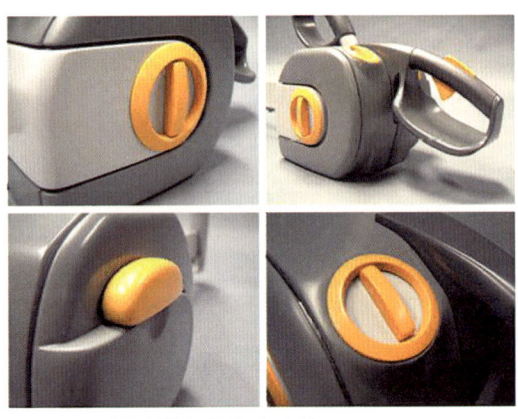

图3-81　设计语义的表意功能

图3-82　设计语义明晰、情感温暖

（三）设计语义的观念表达

设计转换成一种复杂的语言，无声而有力的语言，不断向它的受众传递信息。在设计语义传递与观念表达过程中，其现实功能又因符号传达方式、表现主题及抽象形象不同，可分为三个方面。

第一是指示功能的语义表达，它与对象具有一种因果的或者接近的联系，通常所见的路标、箭头等符号形式、导视系统，都有指示语义的性质。

第二是以象征形态出现，是一种与其他对象没有相似性或者直接联系的符号，它可以完全自由地象征对象，例如，龙是炎黄子孙的象征，松树是高风亮节的象征等。

第三是传递观念功能，设计符号结构中观念功能的形成与传达，和符号本身所指示的事物的文化精神属性、理念等紧密相关。语义的传递观念功能的表达在现代CI设计中表现得很充分，企业形象传达的系列设计，其根本目的就是通过有代表性的符号形式来发展一种观念，使企业成为文化、经济观念等整合的产物，并在现代的市场竞争中获得优势地位（图3-85）。

因为心理定势或者社会因素，有的设计语义一旦生成，替换设计符号相对难度较大，从认知心理上说，消费者习惯已有的认知结构，可能对新的意义的传达视而不见，如饮水机的红色和蓝色出水钮的语义表达，还有室内照明灯具的开关，这些设计语义都是既定的、深入人心的；从另一方面讲这样的设计语义也让使用者更方便。

设计美学中，设计美的材料美、结构美和色彩美，是其形式要素；功能美、技术美、语义美是其内容要素，二者是内在和外在的统一，缺少哪一个要素都不是完美的设计作品。

材料质感可以被看作形的肌肤，结构美使产品具有张力，形与形、图与底的质感会使张力加强。但是质感对张力的影响远不及角度、形态、大小、位置，设计一定要做好所有要素的处理。凸显功能，巧妙运用技术，获得结构美感，选择适当的材料，运用好质感更是锦上添花。由于色彩表现对人类的心理有着直接的影响，因此正确运用色

图3-83　营造主题

图3-84　引导流线，营造氛围

图3-85　CI设计传达企业理念与文化

彩带给人们的这些感情因素来确定设计中的颜色，促使人产生深刻的视觉印象，是作品成功的关键；功能美是设计美学中最核心的研究要素，功能是设计存在的基本前提，技术美是实现设计功能的基本保障；设计语义会使设计使用更明晰、功能美更突出。所以设计美学中的研究要素都是相辅相成的，不能只突出某一要素。

本章思政与思考题

1. 设计美的形态（点、线、面、体）具有什么样的特点？
2. 设计的形态之"线"的设计表情有哪些？
3. 设计美的形式法则主要有哪些？
4. 设计美的构成要素有哪些？
5. 分小组举办一场"色彩激励"的主题活动，挖掘色彩在实际设计中的"激励"作用。

第四章 设计美学的特点

拓展视频

拓展视频

本章概述

本章简要讲述了设计美的特点，主要表现为设计美的多元复杂性，设计美的和谐特性，设计美的精神特性。设计美有很多特性，但最本质的是其功能美；设计美学研究的最深层次是设计美的和谐，是动态和谐，设计美体现一种人文关怀精神；设计美的最终境界是文化境界。

学习目标

通过本章的学习，使学生了解设计美的特点，特别是设计美的本质；掌握设计美的动态和谐与精神特性，理解设计美学的最终境界——文化境界。

设计美虽然和艺术美一样都是观念形态的，但是它与艺术美有着根本性的不同，即它还需要通过生产转化成物质形态上的美。设计美就其现实存在形态来说，它是经过物态化了的艺术设计活动所创造的美。由于人们生活阅历、文化水平、经济条件、个性气质的不同，对设计品的选择也呈现出多元化倾向，使设计审美从一产生就有了许多特性，从而设计审美具有多元性和社会性；因为设计美的功利性决定了设计审美具有功能操作体验的审美特点，也决定了设计审美不仅是外在形式美，更是可以通过实际操作获得精神愉悦。由于设计是社会历史文化积淀到一定程度后的产物，同时优秀的设计作品又构成文化的一部分，所以设计美最终也是一种文化美。设计美的深层结构是其多元的社会性及功能性，而达到设计美的最终境界是其和谐之美的文化境界，这种境界又是动态的、不断变化的。所以研究设计美的深层结构是设计美学的重要课题。

第一节 设计美学的特性——多元复杂

一、设计美是多元的

人类社会的衣食住行几乎涵盖所有的设计，其边界也不断扩展到人、自然、社会各个方面。如自然的一部分被纳入环境设计、公共艺术设计中；科学成果被转化为生产力，成为设计的智力支持之一；社会矛盾、问题也频频影响和渗透到公益广告中……这决定了设计美学研究范畴必然多向复杂。传统美学的美学研究范畴局限于哲学社会学范畴，使美的内容难以满足日益增长的审美需要。当代设计崇尚共生美学观，主张科学与艺术共生，技术与人性共生，传统与创新共生，现实与未来共生，设计活动本身具有多重性、多向性、多样性。

并且设计美的多元性不是指美的要素多元，而是指它是多种美的形态综合的产物。设计美严格说来不能与艺术美、自然美、社会美、科学美、技术美并列，因为它包含诸多的美。与其说它是美的一种门类，还不如说它是美的一种现实性的存在。这种复杂性首先是很难给艺术设计规定一个固定的、有绝对边界的审美对象范围的，设计的范畴包含衣食住行各个方面，人类生活所能接触的领域几乎都有设计的介入和影响。

设计美具有多元性的根本原因在于：审美对象的丰富性和审美主体需求的复杂性。

设计的范畴几乎涵盖了人类所有的活动，所以设计领域的多元、设计对象的多元必然导致审美多元。整个社会认知的多元化使当代人的审美需求也趋于多元化。当代社会的多元化、个性化使得当代人不再局限于单一的审美观念，这就造成了现代设计没有单一的衡量标准，创造空间更加广阔。

除了审美对象的丰富性之外，审美主体需求的复杂性也促进了设计美的多元性构成。在设计审美中，主体的需求多元、复杂，必然具有多层次性，审美主体既是物质主体，又是精神主体。设计以物质主体需求的满足为前提，这和纯艺术创作不同：艺术作品可以在一定时空中和一定程度上剥离创作者和欣赏者作为物质主体的需求，直接满足其作为精神主体的需求；而设计的宗旨是要满足主体的物质需求。然而设计又不能仅停留在简单的功能实施层面，而必须向更高的和具有无限性的精神层次跃进，因此，一件好的设计品带给审美主体的不仅有生理快感，更有精神享受、情感愉悦。设计师在设计中要传达出比物质功能更丰富、更深刻的情感、文化内涵，才能与消费者进行深度交流与沟通，消费者的物质主体和精神主体才能完全统一。虽然设计美会受到设计品的功能和技术要求限制，但在设计中，物质主体的满足升华到精神层面，精神愉悦中也含着使用功能的愉悦，它们是相互渗透和交融的。如图4-1所示的挤牙膏器，其设计诙谐幽默，在好用的同时满足人的情感需求；如图4-2所示，伞柄增加了蕴含人机工学的手握设计，这样省力防滑，好的设计会给人带来使用时的情感愉悦。

设计审美多元化的最大意义在于丰富的设计美理念和美的设计品，并升华了人类的精神世界，形成了多姿多彩的设计美的文化，推动人类物质世界与审美文化向前发展。认清多元化审美需求产生的必然性和进步性，把握时代对设计艺术的多元化的审美需求，在设计中更好地体现当代人的审美理念，是适应时代需求的设计趋势。

二、设计美是大众的

就设计美的范围而言，设计美是大众、公共的产物，这是设计美的第二个特点。因为"艺术设计是一项社会工程"，设计与社会各阶层、各类型的消费者打交道，设计品能造成正面或负面的社会效应，这些都促使设计美趋向大众化。设计美的社会性集中体现在以社会问题、现象为题材的设计作品中。设计美的社会性，是它归根结底为消费主体服务。例如在北欧五国，设计倾向于一种手工艺观念和工业设计的混合体，这使得北欧的家具、陶瓷、灯具和纺织品等颇有特色，它们均有简朴、制作精良的品质，多为温和高雅的几何形态。天然材料和明亮的色彩是中产阶级式的，却又是民主大众化的。瑞典宜家的简单拼装家具大众化、经济、实用，同时兼具美观精神（图4-3）。大众化设计的主题思想是简

图4-1　挤牙膏器

图4-2　手形伞柄

洁经济，即在设计中用最少的构件达到最佳的功能效果，其设计审美也是大众的。

设计美的大众性突出的表现就是设计美感具有普遍性，设计的目的之一就是有意识地创造出普遍美感。设计中的目标消费群不是一个人，而是具有特定生理和心理特征、具有一定的文化程度和经济收入、在某种物品消费上相类似的或有共同需要的一类人。这一类人的共同消费倾向和审美趣味将成为设计依据的前提。针对这一类人的设计品是"定身而作"，因此，我们说在这一类目标消费群身上唤起的美感具有趋同性。这就是说，设计师正是以美感的普遍性作为理论基础，去创造具有社会性的设计美感的设计品。设计可以为某种特殊需要的消费者服务，但一般不能只为某一个消费者服务。如果设计师不能正确处理自身消费主体和目标消费主体之间的关系，就可能导致失败。有的设计师在具体设计时，往往"以己度人"，用自身消费主体的性质、需要，取代目标消费主体的性质和需要，这种取代往往造成设计的失败。特别是在设计师作为本产品的消费主体与他要服务的目标消费主体距离太大、相差甚多的时候，设计师更要清醒地注意这二者的区别。

设计美的社会性还表现在设计美感具有规律性和一定的可预测性。既然艺术设计是针对一定范围内的目标消费群而为的，那么设计前的调查研究、分析，其主要目的就是归纳出这个群体的内在一致性和变化的规律性。例如盲道和每栋楼前的无障碍坡道都是为残疾人设置的，盲道可以让盲人不与其他行人冲撞，坡道可以让轮椅、代步车行驶，也可以供人与自行车使用，这样的设计解决了目标群体的需求，也更符合大众的普遍审美。再如，专门为残疾人设计的产品，或专为婴幼儿设计的产品更需要设计主体深入研究目标群的生理、心理状况，设计上避免安全隐患。比如很多药瓶会有避免儿童打开的设计，大多数电器也会有安全设计在其中。受巴巴纳克设计思想影响的瑞典设计师玛利亚·本科特松（Maria Benktzon）和斯文-艾力克·诸林（Sven-Eric Julin）于1974年设计的切面包器（图4-4），通过设计减少了残疾人生活中的困难，是此类设计中第一个著名的成功范例。

再如，基于"Design to order"（客制化产品设计）概念而设计的极简盒式微波炉。该设计为日本大象设计事务所在网上提供基本设计概念，公开在网上收集各个方面对这个设计的看法，比如只有加热功能，容量不要太大，适合年轻的上班族中午热饭等要求，一旦设计方向确定下来，他们就在网上征集订单，当订单超过最低生产限额，他们就联系厂家进行生产。还有Chomp多用途便携烤炉（图4-5），这款产品就是针对一定的目标消费群体需求而设计的，是一个集烤面包机、三明治机、煎蛋器、烧烤架等于一体的便携式机器。

设计审美和艺术审美不同，好的艺术是自由的，而合理的设计才是好的设计。艺术审美只能为少

图4-3　宜家家具

数人欣赏，艺术走到极致能看懂的人越来越少，而设计走到极致能看懂的人越来越多。好的艺术发展到最后很可能曲高和寡，必定有一批艺术家的作品是做给业内人看的，需要一定的艺术经验或者艺术史知识才能看懂。而设计产品关乎百姓日用，设计美的接受人群要广泛得多，数以万计的设计产品进入百姓的日常生活，在为普通大众提供优质服务的同时，也承担了大众的审美教育工作，日常生活的审美，是从使用产品开始的。所以设计审美是社会性的普遍审美。

优秀的现代设计作品总是形成和传递大量的有效信息。它们的产生容易引起受众的联想，使受众内心情思活动通过视觉及听觉感受而被诱引、激发出来，从而产生新的审美信息，于是整个设计的有效信息量便大为增加了。现代设计信息已经成为人类社会生活方式的一个重要组成部分，其实用价值和人类生活密不可分，并渗透到人类经济活动为基础的各种文化活动当中。如公共标志图案、展示会标、商业标志、企业形象设计的主体标志和基本色调等设计都应当充分注意信息的有效性和普遍性。标志不但为受众提供识别和象征企业的图像，同时可作为瞬间传递信息和识别产品的符号。标志在取得受众认可方面起着先锋作用，而且是沟通情感、形成对话、传递信息的具有审美个性的中介。标志设计就要注意信息的有效性和普遍性，以取得社会普遍美感认同（图4-6）。

波普艺术把人们最熟悉、最平凡的日常生活物品，通过丝网印刷这个大众传播手段，来引起人们对于事物本身原有概念的再思考。"波普"有大众化、通俗、流行之意，它反映了当时西方社会中成长起来的青年一代的文化观、消费观及其反传统的思想意识和审美趣味。如图4-7所示，安迪·沃霍尔（Andy Warhol）的作品，其基本形式特征是毫无深度感、普通寻常且平面化，从平面到空间处处传达着一种突出大众趣味的共性特征。以安迪·沃霍尔为代表的波普艺术家通过广泛的艺术探索改变了世人评价世界、生活和艺术的方式，并以此证明生活和艺术没有高低贵贱之分，艺术不再供少数人享用，而属于普通大众，并逐渐以新的方式从为权贵服务转向为民众服务的民主化进程。

设计师应当注意分析社会的审美动向，了解不同社会集群的审美趣味、审美理想等审美心理特征，找出其共性，努力把握社会审美意识的主导性倾向，以自己的设计体现积极向上的审美趣味。要做到这些，设计师必须同时注重自我审美教育，不断提高自己的美学修养和建立健康向上的审美人格。真正优秀的设计在审美趣味上应当是能为大多数人所接受又具有积极引导性质的。

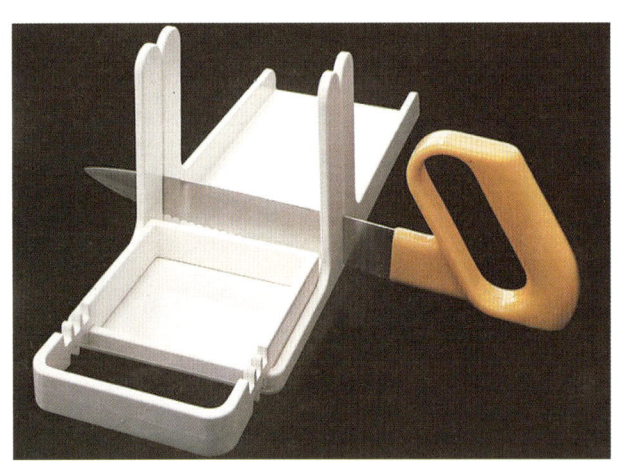

图4-4　切面包器

图4-6　标志设计的社会普遍美感　　　　　　　　图4-5　Chomp多用途便携烤炉

三、设计美是功利的

审美活动离不开人类的生产劳动实践,二者具有密切的关系。一般的生产实践活动比较注重劳动的物质属性,注重劳动的结果给人们带来的利益,而审美活动则更加注重劳动的精神属性,更注重劳动结果可能给人们带来的精神影响,也就是说,同样是面对劳动产品,人们往往可以通过实用性和审美性两种途径来认定。当今世界,人们所从事的各种活动都已超越前人,人们完全有理由从自然科学的角度,将这种进步归纳为技术、材料、工艺等方面的改良应用,所以设计美很重要的一个主体就是技术美,技术的本质在于功利,它直接反映了人对客体的实用态度,所以设计美是和实用、功利紧密联系在一起的。

艺术设计是一种经济行为,它的产生就是为了尽可能高质量地满足尽可能多的人的物质需求,这一点是现代意义上的"设计"与一切以往的人类工艺制作的重要区别。从这个意义上说,艺术设计的本质决定了设计美具有功利性的实用审美属性。

功能及功能美是一个不断发展并深化的过程。在18世纪以来的近代美学思潮中,美与功能、实用价值无关。18世纪以来的近代艺术与这种美的、哲学的思潮相应,实践着"为艺术而艺术"的信条。19世纪下半叶,尤其是进入20世纪以后,当机械化生产已经能够生产出具有功能又有审美价值的产品时,这种产品之美的存在迫使人们不得不重新考虑艺术与人的生活、功能与美的关系的问题。在20世纪上半叶现代主义流行时期,功能是产品设计师考虑得最多的因素,甚至成为产品审美的品质规范和主要造型语言。从20世纪六七十年代到后现代主义时期,人们的审美倾向更加趋于多元化,但功能依然是产品设计师不得不考虑的主要构成要素之一。后现代主义之后,"有用即美"的思想又一次被提出,也就是只要具有使用价值就是美的产品。"功能美"最本质的内容就是实用美,其认为凡是有用的东西都是美的,明确表现功能的东西就是美的(表4-1)。

表4-1　　　　　　　　　　　功能主义美学深化略表

18-19世纪	美与功能、实用价值无关
19世纪下半叶	人们不得不重新考虑艺术与人的生活、功能与美的关系的问题
20世纪上半叶	功能是产品设计师考虑得最多的因素
20世纪六七十年代	审美倾向更加趋于多元化,甚至模糊功能
20世纪七十年代之后	"有用即美"的思想又一次被提出

图4-7　安迪·沃霍尔的作品

在设计中重视功能的思想并不是现代人所独有的。早在人类创物之初这一思想已经成为设计的基本思想了,功能主义思想在中国先秦时期的诸子学说和古希腊罗马时期的哲学论辩中已作为一个哲学、经济学的命题而深入研讨过,并成为功能主义的先声。老子《道德经》中的观点论证了功能与器物之间的关系:"三十辐共一毂,当其无,有车之用。埏埴以为器,当其无,有器之用。凿户牖以为室,当其无,有室之用。故有之以为利,无之以为用。"这个观点从侧面强调了有和无之间的互为作用,说明了功能的重要性。

功能主义思潮的涌现是现代设计的产物,对于现代设计和现代美学有着特殊的意义。19世纪末,建筑师路易斯·沙利文(Louis Sullivan)明确提出了"形式服从功能"到包豪斯强调技术与艺术的新统一。包豪斯大师密斯·凡·德·罗(Ludwig Mies Van der Rohe)设计的钢管椅就是"功能主义"设计的典型代表(图4-8),椅子设计简洁明快,没有任何装饰,完全是"Less is more"(少即是多)理念的体现。瑞典家居设计师布鲁诺·马斯逊(Bruno Mathsson)提出了"功能第一"的设计理念。20世纪四五十年代流行于世界范围内的"国际主义"设计风格,使功能主义设计不仅纠正了18、19世纪以来注重外在形式而不注重产品内在功能的偏向,同时也创立了一种简洁、明快,具有现代审美感和时代感的新风格——"无装饰的装饰"风格。

功能主义思潮从20世纪60年代开始消退,取而代之的是后现代的各种思潮,再次出现了复古的趋势,这似乎是对功能主义思潮的一种反抗和反思,也是西方经济的发展和审美情趣变化的结果。后现代主义设计为了批判现代主义设计"功能第一,形式第二"的理念,在设计上模糊功能、戏谑历史、色彩俗艳、用材低廉、充分展现出形式的多样性和刺激性(图4-9)。但在设计中所产生的功能美理论的历史意义没有消失,可以说"功能美"的理论形成和发展进一步深化了艺术设计的美学研究,并使其系统化。

设计功能满足主要立足于人类的生理需要,并给人带来操作上的便利、经济上的节约等。功能一旦充分发挥以后,人在使用中会产生愉悦的心理,好用的快感,还有各种由快感而升华的复杂情感,如身心协调配合的舒畅感,良好人际关系的和谐感,以及人自身聪明才智得到充分肯定的自由感等,这些情感中同时包含着生理快感和心理愉悦。所以优秀的设计可以使人们在充分享受功能的同时,也能获得情感上的满足。如图4-10所示,这个多向插板,可以满足不同方向的需要,这是由功能便利带来的情感满足。如图4-11所示的滑稽的变色小人压在泡面碗的边缘,其颜色完全改变后表示可食用泡面了,这种有趣的设计这会让使用者心中愉悦。

设计审美的实用性使人的需求带有很大的功利目的,也使人的需求受客观世界的规律性约束,一个功能完善的设计只有与实现相关功能结合起来——其功能所体现出人的智慧、人文关怀本质等,达到使用中的精神愉悦,它才有可能成为符合设计美的作品。例如现代设计所遵从的标准化、通用化和系列化原则,就是对科技要求的回应,设计师和消费者都有各自独特的审美趣味,但这种审美趣味,首先得服从科学理性的精确化和逻辑化的要求,这也是人的需求,是在同自然规律发生关系中逐步显现和逐渐实现的。

人类创造设计是为了不断改变生存环境,促进社会文明的发展。一方面,现代艺术设计要符合实用的目的和要求;另一方面,由于形式美的产生有其相对独立性,人们在设计时不仅要考虑其实用价值,还要考虑其审美价值,以便满足人们的审美要求。如果把设计品放在人与机的操作系统中考察,必然是人与机的协调才能构成功能美;如果把设计放在更大范围的人类生存环境中考察,必然是人与机、社会的协调才能构成功能美。因此,衡量设计功能美的审美依据主要是高效协调和舒适美观。在长期的社会实践中,人类一直在不断改善生存条件和改进使用工具,所以逐渐形成了对设计品高效、协调、安全、快捷的评价指标。

总之,功能美产生多层次的审美感受,满足了人对功利与实用的双重需求:

其一,功能美具有直接的功利性,使人在使用过程中得到物质的满足。如图4-12所示,组合桌椅拆开是座椅和茶几,不使用时合并一起可以作为室内摆设,非常适合小户型。其二,人与机的协调反映了机受人支配,使人获得体力和脑力解放的深层美学思想。比较普遍的是智能家居,

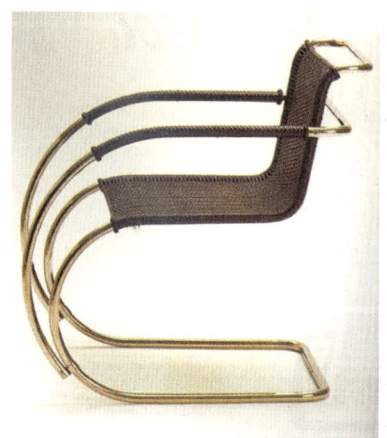

图4-8 "无装饰"风格的椅子

图4-9 后现代主义设计作品"Kiss Chair"

机器人系列产品等。其三，设计与环境的协调在更为广泛和更加深刻的背景下体现出人类利用自然规律，摆脱束缚与重负，追求体力解放和精神自由的不懈努力。因此，功能美集中体现了设计美的本质。如图4-13所示，是可以全家一起用的自行车，可以多动力驱动，实现人的自由与情感和谐。

通过以上认识，让人感到设计美不仅是材料、工艺、功能、形式、科技的综合之美，更体现了设计文化的最终价值取向——真、善、美的统一。"真"是科学技术，"善"是伦理人性，"美"是艺术审美。那么，三者是如何统一的？"真"是探索、努力；"善"是技术伦理；"美"是理想、境界。由于科学研究的进步，新的技术、新的材料、新的能源、新的审美规范不断出现，科学是关于真理的学问，其使命是解释自然中的奥秘和真相。科学的精神是人文的，科学在推动社会进步的同时，也为人文思想提供了坚实的根基。在科学艺术化的过程中，技术起到关键的作用，但核心是伦理思想。在科学推动下，技术循着"善"的轨道上升，最终在沃尔特·萨顿（Walter Sutton）所说的"最高点"达到真、善、美的理想统一。

四、设计美最终是文化美

早在18世纪，德国美学家埃贡·席勒（Egon Schiele）在《美育书简》一书中就提出了"审美文化"这一概念。

图4-10 多向插板

图4-11 变色小人

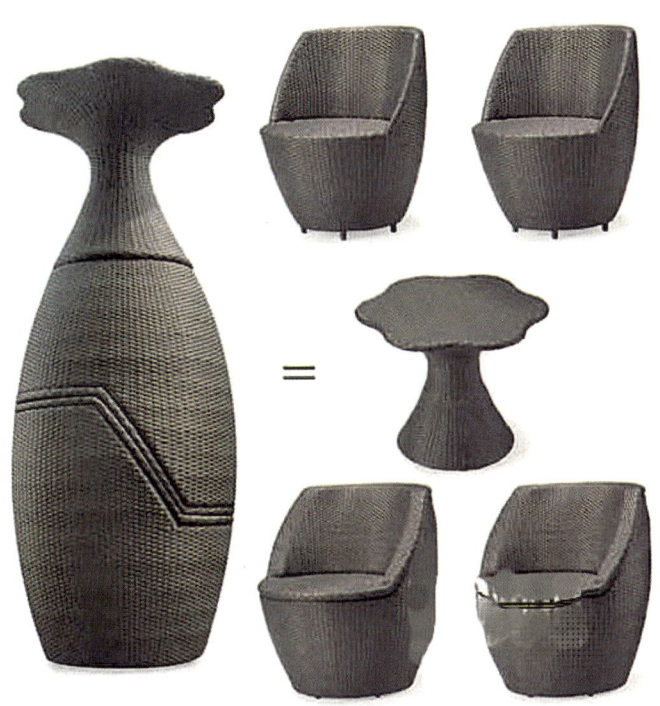

图4-12 组合桌椅

图4-13 供全家用的自行车

席勒认为"在审美状态中，人才可能完成感性和理性、形式和自由的统一"。现代人类的各种活动包括设计都能够产生审美文化，审美活动离不开人类的生产劳动实践，二者具有密切的关系。一般的生产实践活动比较注重劳动的物质属性，注重劳动的结果给人们带来的利益，而审美活动则更加注重劳动的精神属性，注重劳动结果可能给人们带来的精神影响。原研哉（Kenya Hara）曾经说过："也许未来就在前面，但当我们转身，一样会看见悠久的历史为我们积累了雄厚的资源。只有能够在这两者之间从容穿行，才能真正具有创造力。"这其中包含了两层含义：一是设计是社会历史文化积淀到一定程度后的产物；二是优秀的设计作品是对人类文化的新贡献，并构成文化的一部分。相应地，设计美的文化性也体现在这两个方面，即设计美的审美主体与审美客体既是社会文化积淀的产物，又是促成人类文化不断生成、发展的动因。

文化对设计的影响主要表现在以下两个方面：

第一，文化对设计内容的影响。文化（知识形态）是设计内容的直接来源，不同的文化知识形态客观上限制着对设计内容的选择，如我国六朝时期玄风大盛，名士们崇尚清谈，放浪形骸，佛教兴起，这时的铜器、石雕、织绣等大多表现佛教题材，著名的"仰覆莲花尊"就是这个时期的代表作（图4-14），盖纽下双重覆莲瓣，盖沿边上翘双重仰莲瓣，上腹三层覆莲瓣，并菩提叶纹，下腹双层仰莲瓣纹，莲花尊的纹饰内容与佛教密切相关，用于随葬代表逝者的一种精神寄托。这充分展现了佛教文化对设计器物的影响。再如，原始文化的另一个重要组成部分——巫术礼仪则直接形成了原始的图腾崇拜。虽然巫术礼仪并不是一种直接审美行为，但在客观上留下了大量神话传说和巫术礼仪器物。这些神话传说中描绘的图腾绝大部分成为中国传统图案的雏形，例如传说中的"龙"和"凤"，著名的玉猪龙就是原始玉器中图腾的雏形内容（图4-15）。不同时期的文化对不同时期设计的内容都是有影响的，就是说，设计内容很大程度上是对当时那个时期文化内容的反映。

第二，文化传统对设计风格形成的影响。文化的弥散性决定了它无处不在、无孔不入的特点，文化传统深藏于设计者的心中，是一种具有内在制约作用的强大力量。春秋战国时期，玉器进入了人格化的时代。可以说对人性的觉悟超越了对神的崇拜，"比德于玉"的思想道德观念进一步完善，标志着玉器人格化的确立。儒家对玉器的解释和推崇，使神秘并具有宗教、政治、礼仪色彩的玉器又戴上了"品德高尚"的桂冠。玉器工艺虽布局坦然有序、细微纹饰清楚，线条遒劲有力，但其深蕴的伦理道德价值高于审美和艺术价值。佩玉是玉文化伊始的萌芽和灵感之源，新石器时代的玉器中就有很成熟的佩玉方式，已具审美特征。礼仪用玉就是在此基础上主观规范、兼收并蓄多种文化基因的结果，佩玉也由一种简单的装饰物提升到了文化品德、精神象征的高度。

如图4-16所示，是弗利尔博物馆收藏的战国玉组佩及其局部，玉组佩既是等级身份的象征，又是礼仪品德的代表。串联组合起来佩戴，据说是为了"听玉之声，以节行止"。佩鸣之声是作为一个君子行为规范的反映，同时还有一种重要的含义，即以此向天地人君表示自己绝无非辟之心，也是向统治者表示尽忠尽节的一种形式。"正行"君子不可行无状，用玉鸣之声来规范人的行止，也称"节步"，以玉鸣之声驱除心中杂念，同时是一种对礼的尊重。玉组佩的设计充分展现

图4-14 北齐青瓷"仰覆莲花尊"

图4-15 红山文化玉猪龙

了儒家文化对其设计风格形成的影响。

审美文化因素具有鲜明的民族性，如不同的国家文化传统不同，设计便呈现出不同的特点。如传统的英国社会有着深厚的古典人文主义传统，美国讲实用主义，法国重浪漫等。不同历史阶段的审美文化也具有明显的时代性，历史的不断发展会推动审美文化不断发展，其时间维度和发展程度体现着不同时期审美文化的差异性。我国有着深厚的文化传统，作为文化传统主流的儒家文化也深深影响着我国的设计。在以儒家文化为核心和根基的中国传统文化背景下，中国的设计自产生之日起便与西方有一些不同的特点。不同民族之间的审美文化有一定的差异，当今文化具有多元性，深谙设计文化是设计师自立于世界设计之林的基本条件。

图4-16　战国玉组佩及其局部

第二节　设计美学的特性——和谐

"美在和谐"这个命题远在西方古希腊和中国春秋时期就已经提出。设计美中的"和谐"对于艺术设计具有更特殊、更深刻的意义。从和谐的主体构成来看，所有"和谐"处理的都是三大主体之间的关系：人、自然和社会，三者之间彼此交融，具体化为人与自然的和谐、人与社会的和谐、人自身各心理功能的和谐。设计师的目的就是把人、自然、社会的和谐最好地体现、寄寓在设计品中，以便让消费者在设计品的使用中获得最大的精神愉悦。在艺术设计中，个性化的"和谐"表现为两个基本原则：一是宜人原则；二是生态原则。前者满足人的需求，使人成为人；后者尊重自然的独立，使自然成为自然。

一、设计美学的宜人原则

所谓"宜人"设计，也可称为"人性化"设计。宜人的设计观是经工业设计导入、发展、成熟以后而出现的一种新的设计哲学。其在于以人为中心，努力通过设计活动来提高人类生活和工作的质量，引领新的生活方式。设计师在设计作品的同时，不仅设计了设计品本身，而且设计或规划了人与人之间的关系，影响了使用者的情感表现、审美感受和心理反映。如杭州公交在全国首创的"公交候车亭喷淋降温系统"（图4-17），旨在改善高温时的候车环境，它喷出的雾汽水质相当于纯净水，还会产生负氧离子。如果在有条件的候车亭推广这种"会呼吸"的公交站，会使整个候车环境得到改善，更加符合人的需求。这貌似不起眼的创意，传递着人性化服务的探索。

宜人的设计实质就是人性化设计。即设计能够达到对人的全面需求，包括物质存在与精神存在的双重需求。人性化设计，是使设计的产品充分符合人性要求，它包括舒服性设计、无阻碍设计、老龄设计、顾客化设计，并有"N理论"（即产品需求阶层）。如这款"老吾老"行动电话（图4-18），由微鲸科技的李允文设计，顾名思义，是以高龄者为对象的行动电话，特别考量：视觉（图像）、听觉、造型（操作）、生理（安全）及随身使用等诉求。手机本身结合实时影像行动电话、御寒围巾、个人数字电视、健康监控等多种用途，让行动电话兼具对老人照护的功能，用意极佳。

二、设计美学的生态原则

由于市场竞争等各种原因，刺激性消费的美学观念，成了现代设计最重要的评判标准和设计审美规范之一，其实这正是能源浪费、资源破坏、生态失调的根源。设计师盲目追求个性和个人意志的表现，并受经济利益驱使，从而忽略消费者和社会的利益，就会造成不可挽回、无法弥补的损失。为此，设计师和设计教育工作者有必要建立和倡导合理的消费观念，形成新的设计评判标准和设计审美规范——节约能源、保护资源、平衡生态的设计理念及消费方式，这就是设计的"生态"原则。

生态原则就是运用生态学的思想，按照以人为本的设计理论，从人、设计、自然所构成的整体环境出发，设计出能够实现人、设计、自然三者和谐统一的最优关系，使设计与环境之间成为一个有机的结合体；绿色设计是资源和能源得到有效利用，且保护环境、亲和自然、舒适、健康、安全的设计。

设计审美的生态原则并不是伴随着现代设计一起产生的。这一原则的产生是人类对自身与自然关系的认识不断深入的结果。"生态原则"强调人与自然环境建立良性和谐的关系。设计师按照生态学原理和生态保护思想，设计出能体现环保思想和符合生态保护需求的设计作品，从而使设计品与环境协调，使人与自然融合。

"生态原则"在设计中首先体现为对材料的保护和再生利用，使用可再生或可循环利用的材料和资源，比如很多家电外壳是可再生材料的，购物袋使用可降解塑料袋或者能反复利用的布袋（图4-19），尊重自然、保护生态、与自然协调发展，尽可能减少人工环境对自然生态平衡的负面影响，提高能源的使用效率，并充分利用可再生的自然资源，包括太阳能、风能、水利能、海洋能、生物能等。其次，在设计方式上，以基本设计要素为起点，向标准化、通用化、系列化的设计模式发展，既延长技术品使用寿命，又能给设计以更新的余地。最后，设计成果与自然环境相协调，特别是在环境艺术设计中，这一要求尤为重要。空间和使用功能应适应社会发展的变化，要求设计具有包容性，功能具有综合性，使用具有灵活性、适应性

图4-17 杭州装有喷淋降温系统的公交车站

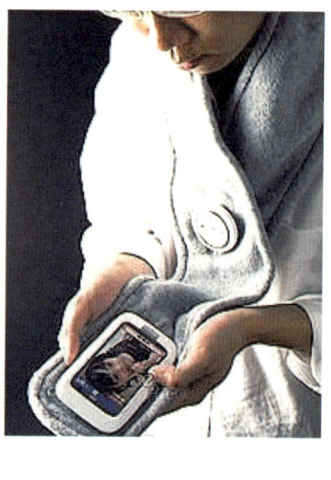

图4-18 "老吾老"行动电话

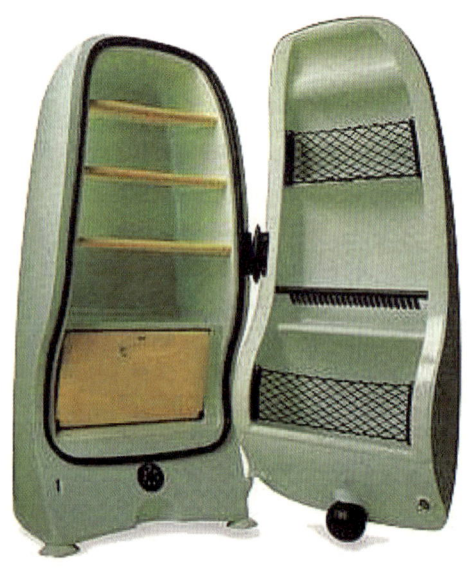

图4-19 可再生材料的冰箱与环保购物袋

和可持续性。

设计需要综合考虑人、环境、资源的因素，着眼于长远利益，发扬人性中的真、善、美，运用伦理学意识取得平衡和协同。设计审美中宜人和生态原则的探讨是整个社会可持续发展的重要研究课题。如图4-20所示是一款符合人机工学的键盘设计，操作键盘的工作方式和弧度设计适合人的生理、心理特点，使得工作在效率、安全、健康、舒适等几个方面的特性得以提高，这属于宜人设计。如图4-21所示是由澳大利亚生物材料公司设计的天然保鲜膜，这是一种可生物降解的保鲜膜，由废弃的马铃薯皮与食用油和木薯根中的淀粉制成，可在180天内自然生物降解，这是设计伦理的典范。

设计的生态原则必须考虑社会—经济—自然符合系统意义，统一协调各种关系，保障系统的平衡与稳定。有时候系统的结构决定功能原理，设计要改善和优化系统的结构以改善功能；设计生态原则还要注意系统整体性原理，整体大于部分；设计生态原则必须因地制宜，根据不同地区的实际情况来确定本地区的生态工程模式。由于生态系统是一个开放、非平衡的系统，在生态工程的建设中必须扩大系统的物质、能量、信息的输入，加强与外部环境的物质交换，提高生态工程的有序化，增加系统的产出与效率。物质循环可避免环境污染及其对系统稳定性和发展的影响；生物多样性程度可提高系统的抵抗力、稳定性，提高系统的生产力；生物数量不超过环境承载力，可避免系统的失衡和破坏。

图4-20　键盘设计

图4-21　天然保鲜膜

第三节　设计美学的精神特性

设计作为一种物质生产活动，其功利性决定它本身无法直接带来审美效应。因为美的现象在感性形式，而美的本质在精神境界，所以设计是通过对功利性的超越而上升到审美境界的。设计美要上升为境界，设计作品要如艺术品般给人强烈的精神感染和触动，就更加艰难。如果将其转化为更明确的设计语言，那就是设计美的境界既依托于设计品的形式层，又不拘泥于形式本身，而转向更深的意义层，甚至超出设计师表达的意义之外。这种境界体现在设计上就是营造出给人以无限遐想、充满"味外之味"的境界。"境生于象外"，境界的妙处在于它既有界又无界，既有形象，又超出形象本身。境界的生发就是从这有限的"象"导向无穷的"意"的：一方面，在本质上，境界隶属于精神领域；另一方面，境界的载体又是物质世界。设计的形式是有限的、短暂的，而它的意蕴却应该是精神的、无限的、永恒的。只有这二者相统一，才是美。

一、设计美的最高境界是精神的愉悦

在审美活动中，主体运用自己的审美感官去直接把握对象的审美特性，并进行情感体验。主体所看重的不是对象的物质功利性和有限的实际用途，而是对象的精神意义，是令对象精神愉悦的特性。设计者通过视觉感官并借助于相应的审美手段，如线条、色彩、形态构成等，将审美心理物态化，创造出作品，传达审美经验，而欣赏者或

使用者也以视觉的方式去接受作品所传达、表现的美学意味，从而产生审美愉悦。设计师总是借助产品形象去释放传达自己的情感，而使用者对它的选择则是因为其视觉形象所构成的"力的图式"与自己内心情感状态的契合。好的艺术设计有功利追求，同时又能超越功利，给人一种高层次的精神愉悦感。

审美标准存在于人的内心世界，设计者借助设计作品去释放传达自己的情感，通过形式语言将审美心理物态化，创造出作品，传达审美经验；而使用者或欣赏者对它的选择则是因为其视觉形象所构成的符号与自己内心情感状态的契合，也以视觉的方式来接受作品所传达、表现的美学内涵，从而产生审美愉悦。不同的使用者、欣赏者由于个性不同，会有不同的审美标准。从审美标准产生的时代以及它所依赖的社会实践来说，它具有绝对性，同时审美标准还有历史的继承性。历史上新旧交替的审美标准为人类认识的长河增添了新的内容。

设计是人与环境的中介，因此设计品中兼有人的主观目的性与环境的客观规律性。如果转化为设计语言，就是说设计作品既契合了设计主体（实质是目标消费主体）的主观情感，又糅合了依据功能、技术要求的结构形式。中介的兼容性为境界的生发提供了天然的可能性。因此，设计美的境界是从设计品的形式中生发的，它既不是将情感硬性添加到设计中去，也不是离开功能去做一些附加的艺术装饰。

设计中的"模糊化"原则处理的正是设计品的"说与未说"。"说"虽是境界的基础，然而"未说"的才是生发境界的主要因素。因此，消费者在使用设计品时，不能单凭认知去理解这处于"象外"的内容，还要借助领悟、猜测、想象等非逻辑思维方式逐渐从设计主体过渡到消费主体。例如第六届"为坐而设计"金奖作品李燕的《授与哺》（图4-22），所表达的远不是座椅本身的内容，更多是借助审美客体的经验、感悟，达到"象外之境"，从而得到精神享受。再如六朝博物馆的《草船借箭》（图4-23），设计并未出现草船，而是利用众多的箭镞飞射的意向，达到了千船万箭的"象外之境"。

能够创造设计境界的设计更接近艺术，如建筑设计、中国园林等，这种境界体现在设计上就是营造出给人以无限遐想、充满"味外之味"的境界。"境生于象外"，境界的妙处在于它既有界又无界，既有形象，又超出形象本身。例如中国古典园林中"窗"的设计，美的不仅是窗本身，更重要的是花窗所"框"出的美景及所传达出的园林精神，其达到的审美境界远超于窗的物质形式本身（图4-24）。

中国传统园林设计就深谙动静之妙，它既通过框景、隔景、对景、借景来突出景点，又通过水、廊的运用来连接景点，使其串连成一个整体。回廊曲径、小桥流水不仅使景连成一体，更重要的是使之在流动、变化中产生魅力，呈现出"山重水复疑无路，柳暗花明又一村"之妙趣。相对于产品设计，文化意味更浓的广告设计、建筑设计可塑造的境界要广得多、深得多。但不管是哪种境界都是富有个性美的、具有独特气质的境界。这一方面是受市场竞争影响之故；但另一方面，从其根本而言，是为了充分满足人类精神需求的多元化、超越性。设计品大多是静态的，如何化静为动，或者说静中有动，这很能见出设计师的美学修养。设计美的境界，并不是神秘的，从本质上来讲，它是一种美的创造。一个设计师只要勤于学习、善于积累、勇于探索、勇于创造，是可以创造出具有境界美的作品来的。

二、设计美的境界本质上是文化的境界

一个设计师要创造出有丰厚文化意蕴的境界，需

图4-22　李燕作品《授与哺》

图4-23　六朝博物馆《草船借箭》

要具有深厚的文化修养，也需要灵感的撞击，它往往是多种因素综合的产物，可遇而不可求。设计美的文化境界可以分为表层的文化情调、中层的文化心理和深层的文化精神。

（1）设计美的文化境界表层体现——文化情调。文化情调是设计中最为感性直观的要素，同时也是最表层的要素。文化情调表现为一种模糊的、印象似的文化趣味，例如服装设计中经常借鉴少数民族地区的纹样图案，它追求的就是一种异域文化情调。

（2）设计美的文化境界中层体现——文化心理。文化心理，它是弥漫在某个群体中的不系统、不定型、自发的文化意识，譬如民族中的风俗习惯、心理成见、自发的信仰和崇拜等。文化心理交织着感性和理性因素，但以感性为主。艺术设计中有一项重要的设计原则——禁忌原则，即避免使用触犯民族情感的形态、色彩，这种"禁忌"就属于文化心理层面。

（3）设计美的文化境界深层体现——文化精神。文化精神，它是对一个民族、一个社会的一切文化领域和文化现象具有普遍意义的精神成果。文化精神已经上升到理性的高度，成为整个民族、社会赖以生存的精神支柱和不断发展的动力。中国北京故宫博物院建筑所体现的理性精神、日本设计中体现的道禅色彩都从属于文化精神层面。文化精神是构成设计美最高境界的核心层。凡是能在艺术设计中体现出独有的、深刻的文化精神的作品，就可以说是达到了最高境界的设计作品。如图4-25所示日本和式灯具设计，其采用木材、竹子等自然材料而保留日本传统灯笼造型，清晰的线条，几何形的结构又体现现代主义的简洁风格。框架外糊一层和纸，使室内光线柔和宁静，典雅又富有禅意的日式灯具彰显日本"和

式"侘寂、素朴、清淡的美学观，是非常具有东方风格的文化设计。

设计往往受到经济水平、科学技术程度、人文传统和自然状态的影响。经济水平决定设计行为的创意、实施以及消费和收益；科学技术程度的高低是影响和制约设计创意能否实现的重要条件；而不同人文传统条件下的设计行为，能够产生不同的设计效果；设计的材质、成本、流通和使用又受到地理气候条件、自然资源等自然状态的影响。设计审美的文化境界形成从一定意义上也可以理解为设计物的文化含量，它受制于设计师的文化素养和消费者文化习惯的共同作用，在经济水平、科学技术程度、人文传统和自然状态这四个因素的影响下，最终转化成人们生活方式的改变。

设计文化的影响是多层次的，它渗透到日常生活的各个方面，体现了人们在不同情况下的实践方式，这一点在视觉传达设计、建筑、景观设计中表现得尤为突出。在视觉传达设计中，设计师常常要尝试通过各种图标和图形符号来进行有效的意义传达，尤其是当用户来自不同国家、使用不同语言的时候，而文本的使用又起到了补充平面图形、使信息传达更加精准的积极作用。如《品味中国系列》海报（图4-26），在传统瓷盘上以二维图案，表现三维的视觉效果。粗看比较普通，细看大有内涵，色彩是青花的色调，图像也充满了传统文化的韵味。如图4-27所示《舌尖上的中国》"四季"系列海报，可以感到"家"的概念包含"鞭炮、饺子、粽子、剪纸等元素"，中华饮食与四季更迭和节庆传统密不可分，不同季节特定的食材，不同节日特定的饮食讲究，融合在一起又具有各不相同的寓意，设计具有了更深层次的文化含义。

在设计审美文化中，日本的庭院设计在世界上独树一帜，值得研究和探讨。禅宗寺院对日本庭园艺术的发展起到了重要作用，中国文化对日本庭园传

图4-24　中国古典园林花窗设计

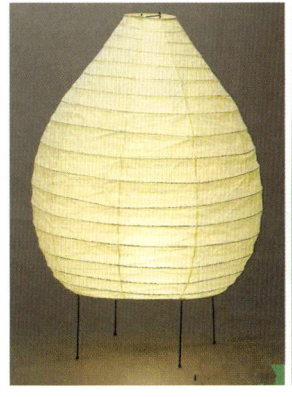

图4-25　日本和式灯具

统产生新的影响。日本禅僧对中国传统文化，尤其是书法和水墨画表现出浓厚的兴趣，同时中国山水画的空间处理及透视法也对日本庭园设计产生了深刻的影响。枯山水庭院，不仅有很高的美学研究价值，而且在引入现代抽象艺术的结构之后，成为设计审美境界中最具有文化精神的设计。庭院内，树木、岩石、天空、土地等常常是寥寥数笔即蕴涵着极深寓意，在修行者眼里它们就是海洋、山脉、岛屿、瀑布，"一沙一世界"，这样的园林无异于一种精神园林。圆形的砾石置于铺满白砂的空地上，白砂象征着大海，而砾石上砂砾制造出的纹理则代表着万顷波涛，构成一幅极为抽象的风景画。如金福寺的枯山水庭院设计（图4-28），其主要由白砂布置而成，背靠假山，风格简

图4-26 《品味中国系列》海报

图4-27 《舌尖上的中国》"四季"系列海报

图4-28 京都金福寺枯山水庭院

单质朴，使观者内心平静，而待花开之时，砂石的洁白与杜鹃的艳丽又形成强烈的反差，美得炫目。

龙安寺石庭（图4-29），地面铺着一层细白砂石，表面梳着极整齐的波纹。石组以苔镶边，往外即是砂石耙成的同心波纹（寓意雨水溅落池中或鱼儿出水），禅意十足。这样的龙安寺石庭代表着日本人探索世界的一种传统，追求平淡、含蓄、单纯、空灵，体现出外部世界与内在心灵相通的禅宗美学。

足立美术馆白砂青松庭（图4-30）位于岛根县的安来市。足立先生以"庭园就是一幅画"的创园理念，以借景的方式把原本不属于园区的山水，却因角度所产生的视觉效果展现得淋漓尽致，使整个庭园看起来虽小巧玲珑，但主景错落有致，层次感很强。庭院以《白砂青松》为主题，大大小小的松树有节奏地沿着缓坡白砂的丘陵分布，将画作里的世界活灵活现地表现出来。

东福寺方丈庭园是在自镰仓时代建立起来的庭园的基础上，引入现代抽象艺术的结构而营造成的一个枯山水式禅院庭园。其南庭（图4-31）是在白砂坪上用长达18尺的巨石组象征蓬莱、方丈、瀛洲三岛，勾画出沧海波纹的白砂则代表着八海，亭西还植有青苔、假山作为陪衬，在白砂、巨石与青苔的组合下，营造出水阔天长、青山永在的深远意境。其东庭（图4-32）布局更为利落，利用七根圆形石柱排布在青苔田中，象征大熊星座中最主要的七颗星——北斗七星，展现出一个小小的宇宙空间。

枯山水庭院，有着很高的美学研究价值，即便不是参禅者，眺望枯山水庭院，也能获得片刻的平静。用精致巧妙的设计表现出博大精深的禅法境界，通过砂、石之妙趣来参悟布道者的深刻蕴意。白砂如海、石群的聚合、离散中又蕴含着深刻的禅意或哲学，吸引人们去用心感悟。

设计审美是对真实的个人存在和需求的关怀，是对设计文化的批判性继承，传统文化艺术中的审美观对现代设计理念有着重要的启示性，现代设计作品中的多种设计理念和手法，都受传统文化艺术美学思想的影响。这一方面是受市场竞争影响之故；但另一方面，从其根本而言，是为了充分满足人类精神需求的多元化、超越性，是对审美和文化的平衡，无论以何种形式出现，它都应该使设计物本身获得有机的生命形式，激发人的情感体验。

图4-29　龙安寺石庭

图4-30　足立美术馆白砂青松庭

图4-31　东福寺方丈庭园南庭

图4-32 东福寺方丈庭园东庭

结语

　　中国式现代化不只是物质的创造，还包含崇高的精神追求，要实现高质量发展，丰富人民的精神世界。设计美学研究的最深层次是设计美的和谐，并且是动态和谐，设计美体现一种人文关怀精神，设计美的最终境界是文化境界。

　　设计美有许多特性，但最本质的是其功能美，强烈的现实应用性是设计美学的首要特征。技术因素不但是设计美学的基本因素以及设计的基础和依托，也决定了设计审美风格的形成，设计活动是一种基于现实应用基础的艺术创造活动，因此与功能性相联系的就是审美性特征。除了符合功能性的要求之外，审美性是现代设计必须重视的问题，设计美学研究的依托是市场规律，市场竞争的法则造就了设计的审美趣味，市场的核心是消费者的基本需求，正是这种消费需求影响着消费者对设计风格的要求不断发生变化。

　　人们的思维中含有的一些永恒的价值观，如对材料的尊重，要求自然的质地品质、细部的精确，人体工学尺度的完美把控，以及东西方美学文化的精髓与包容。同时设计美学也要求精心提炼设计元素，使限定的设计空间更加通畅、含蓄，使生活更加具有文化尺度、更加精致等。现代的设计师在追求创造的过程中，尤其是中国设计师探究传统文化与现代设计的过程中，除了要具有艺术与设计知识技能，还必须具备多学科的知识，一个设计师艺术修养与文化修养的高低直接决定他的创作成就。设计美的境界，并不是神秘的，从本质上讲，它是一种美的创造。

本章思政与思考题

1. 你认为设计美的特点有哪些？
2. 结合生活设计案例，谈一谈你对功能美的认识。
3. 广泛查找设计资料，论述设计美的文化性。
4. 你怎样认识"设计美的和谐"？
5. 如何理解设计美学的最终境界是文化境界？

第五章 设计审美鉴赏

本章概述

本章主要讲述了艺术设计主要门类的设计审美鉴赏,主要包括视觉传达审美鉴赏、产品设计审美鉴赏、环境设计审美鉴赏。设计审美鉴赏是对设计进行的一种欣赏、审美活动,对设计的良性发展具有促进作用,对设计美学的丰富具有指导意义。

学习目标

通过本章的学习,学生能够了解艺术设计不同门类的设计审美鉴赏方法,掌握设计审美鉴赏的范畴、要求、原则等,理解设计审美鉴赏的价值和意义。

审美鉴赏力是人们认识美、评价美的能力,是审美知觉力、感受力、想象力、判断力、理解力和创造力的综合。审美鉴赏是审美主体对客体美的认识、评价和再创造,以主观爱好的形式体现出来,是感性与理性、认识与创造的统一,主要在艺术创造与欣赏中形成并获得发展,因此有时也称"艺术鉴赏力"。

设计审美鉴赏是人所独有的一种特殊能力,它来自长期生活实践、审美实践、艺术实践和社会、历史、文化、艺术等方面的知识积累,具有特定时代的社会历史内容,不同时代、民族的人和具有不同思维能力、知识积累、文化艺术素养的人,具有不同的审美鉴赏力。设计审美鉴赏不但具有鲜明的个性特征,又具有社会性、时代性、民族性。设计审美鉴赏力既表现于对设计的审美感性直觉的敏锐性,分析、综合、判断、理解等理智活动的深邃性,又表现于使用设计品时的联想、想象、情感活动的能动性、创造性。设计审美鉴赏是迅速、完整、深刻地把握设计品审美特性和创造审美意象的必要条件,是创造美的必要前提。

在现代社会发展中,国际相关组织提倡文化多元化,国际设计行业也提倡多元化设计的风格表现,及异质化的设计手法。人们对设计品的需求不再局限于简单的物化功能,更看重设计品的艺术化、个性化,以及设计品带来的文化、情感、精神、审美的心理感受。在信息化越来越发达的今天,科技的进步,新设备、新工艺、新材料层出不穷,不同的材质肌理传递不同的审美体验,为设计带来新的风格和新的审美品位。因此,设计所承载的社会文化属性决定了不能仅停留在设计作品本身的形式和功能的研究,更需要深化设计审美理念,深化设计批评与设计审美认知,这是实现设计的特色文化内涵、设计的地域特性与设计的公益性特质的必由之路。

第一节 视觉传达审美鉴赏

视觉传达设计(Visual Communication Design)是指利用视觉符号来传递各种信息的设计。设计师是信息的发送者，传达对象是信息的接受者，简称视觉设计。视觉传达设计是通过视觉媒介表现并传达给观众的设计，体现着设计的时代特征和丰富的内涵。

视觉传达设计的基本构成要素是文字、标志和插图三要素，在这些基本构成要素的组织下，形成了丰富多样的类型，构筑了广阔的设计领域。其中，按造型形式分，有二维空间的平面设计，具体分为：字体设计、标志设计、招贴设计、插图设计、摄影等；有三维空间的立体设计，具体分为：包装设计、展示设计等。按内容分包括：印刷设计、书籍设计、展示设计、影像设计、视觉环境设计（即公共生活空间的标志及公共环境的色彩设计）等。

视觉传达：一般归纳为"谁""把什么""向谁传达""效果、影响如何"四个程序。视觉传达设计主要包括传达内容、传达媒体、传达对象三部分。传达内容由文字、标志和插图等组成；传达媒体包括广播、电视、报纸、杂志等；传达对象则是指信息的接受者。如何协调这三者之间的关系是视觉传达设计过程中的关键所在，也是审美鉴赏的切入点。

一、装帧设计审美鉴赏

装帧设计是书刊生产过程中整体的美化设计工作，包括对文字、图片、版式、插图、装订、印刷、护封、封面、书脊、环衬、扉页、正文等部分进行设计，使之形成一个有机整体。好的装帧设计是封面设计、编辑设计、版面设计、插图运用等综合的设计效果，是一个完整的设计

系统。一个好的装帧设计，应准确、形象、艺术地体现书籍的内容，符合特定读者群的需求。如用真皮材料染色做成的镂空封面，其材质和形式、触感与视觉形成完美统一，且镂空设计，可使封面在扉页上留下梦幻般的投影，让人爱不释手（图5-1）。

精美的装帧总是搭配合身的盒子，不管是镂空木盒还是仿皮式纸盒，都增加了书籍装帧的贵重感（图5-2）。

书籍装帧设计从技术到艺术，是一个系统的设计过程，其中各个子系统的设计，必须在整体设计的背景下逐个展开。书籍装帧设计要求在书籍产生以前，确定开本大小及形态，还有图文版式编排、书籍插画设计、印刷工艺和材质的选择与应用等，其中各部分的具体设计，也因"书"的不同而各有侧重。如图5-3所示，书籍外观设计时也要仔细思考各部分的设计要点。

一本书的封面不可能把全书的内涵都展现出来，只有通过高度提炼的、典型化的、美的形式来作为封面的设计语汇，才能达到内容与形式的统一。有的书只需要设计封面，那就要把封面设计好，体现一定的时代精神和民族特色。卷轴式装帧展示的面比较大，整个背面都可以做文章。如卷、缥、带的材质，自由度比较高。一般来说，卷

图5-1 制作精美的真皮镂雕装帧作品

图5-2 精美的带盒书籍装帧作品

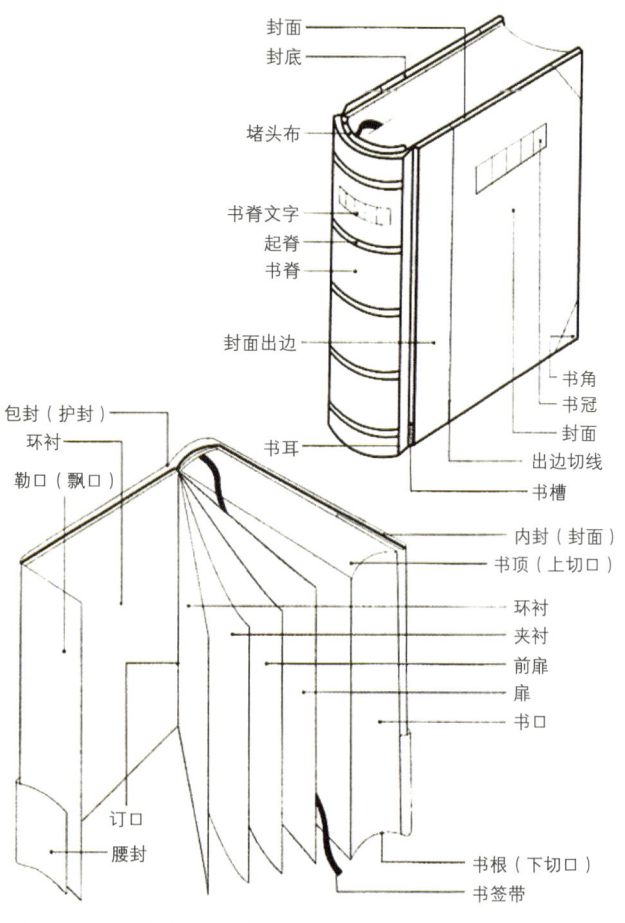

图5-3 书籍各部分名称

轴装受篇幅和题材的限制，用普通纸印刷的话，只能做一些相对短的东西。如果用特种纸或者布帛印刷，那印刷的成本是很高的。而模仿卷轴风格可以巧妙解决很多问题，封面可以打开，展现出传统卷轴的样貌，从封面就可以直观解读书中所展现的主旨（图5-4）。

有些书，既有封面设计，又需要配插图，插图与文字内容不可分离。各个子系统的设计，在艺术表现上力求风格统一，才能符合系统的、整体的设计观念。好的装帧设计从封面设计、字体、色彩等方面综合考虑，使读者第一时间就能感受到书籍的内容主题，这就是整体设计观念的一个方面（图5-5）。书籍是儿童求知启智的重要途径，优秀的儿童书籍装帧设计能照顾到儿童好奇、好问等与生俱来的天性，特点十分突出，无论是色彩还是图案都与内容相统一，能引起他们的情感共鸣，开启他们的心智，潜移默化地提高他们的欣赏能力（图5-6）。所以，好的儿童书籍装帧设计承载的社会责任重大，不可小视。

书籍装帧设计的规则：一是内容与形式的统一；二是整体与局部的统一；三是版式与工艺的统一。

精装书的装帧大致可以从纸张、颜料、排版、字体、印刷（字模/手抄）、插画、封面（皮革鞣制、包覆、压印）、书脊、环衬、切口来审美，与收藏相关的还有藏书票、作者签名、版次、印次。

书籍的环衬、衬页是精装书设计的重点。装帧考究的称页（也称蝴蝶页）外缘有漂亮的压金纹饰，打开蝴蝶页，再向后翻便到了扉页及书的正文，衬页上往往有私人藏书记，如藏书票通常粘贴于左边的衬页上，这也是书籍装帧鉴赏的一个重要方面。18世纪以后到20世纪30年代，精装本的蝴蝶页常使用大理石纹色纸。欧洲各国最著名的书籍装帧作坊，在超过两百年的时间里，选用大理石纹色纸是装帧衬页的主流。

书的切口包括书口、书顶和书根。当一本书合上的时候，书芯只有这三面会裸露在外。作为书籍最为脆弱的地方，书的切口会受到水汽、尘埃、光照的侵蚀，尤以上切口和书口为甚。图书馆里的一些古书，历经漫长岁月的洗礼，内页翘曲褶皱，就是因为切口的保护不足。堵头布（headband），是一种经加工制成的带有线棱的布条，用来粘贴在精装书芯书背上下两端，即堵住书背两端的布头。作用有两个：一是可以将书背两端的书芯牢固粘连；二是可以装饰书籍外观。一本精美的纯手工装帧书籍，堵头布一定是用丝线手缝的（图5-7）。

切口工艺由简至繁，大致有滚金口（指书的切口以金箔覆盖，以阻断水汽进入书芯内部）、压金口（是在书口上的金箔进行浅刻）、蘸花口（指在书口上进行大理石环衬）、书口画等方法，以上这些装帧工艺不一定单独出现，如隐式书口画就需要滚金口加以配合，才能在书籍闭合时将画面完全隐藏。还有一些书籍装帧技师会将几种技法混合，得到更加极致的切口效果（图5-8）。

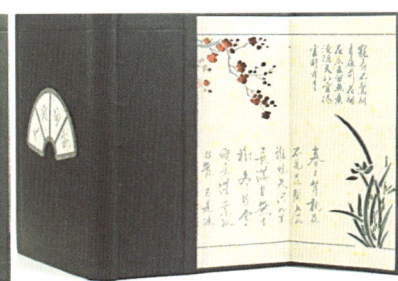

图5-4　仿卷轴风格书籍装帧作品

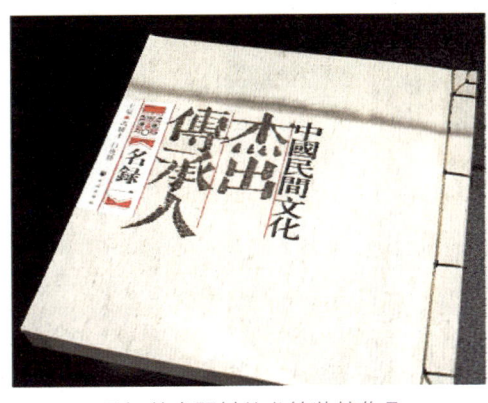

图5-5　民间美术题材的书籍装帧作品

图5-6　儿童书籍封面设计作品

现代图书的产品形式还包括电子产品，如唱片、光盘等，对这些音像读物承载物的设计同样要掌握其文化的特征，而不仅做外包装设计。

二、包装设计审美鉴赏

包装设计是指对制成品的容器及其包装的结构和外观进行的设计，它是视觉传达设计的重要组成部分。包装原本的目的是使商品在运输过程中不致破损，便于储存，迅速明确品名、生产者、数量和预见质量等。承装没有进入流通领域物品的用品不能称为包装，只能称为"包裹""箱子""盒子""容器"等。因为包装除了有包裹盒承装的功能外，对物品进行修饰，获得受众的青睐才是包装的重要作用。随着商品竞争的加剧，人们对个性化商品的需求日增，包装的作用也日益明显，逐渐成为设计不可或缺的一部分，成为争夺购买者的重要竞争条件。

包装设计要素有包装对象、材料、造型、结构、防护技术、视觉传达等。一般来说，商品包装应该包括商标或品牌、形状、颜色、图案和材料等要素。审美鉴赏角度可以分以下几个方面。

（1）商标或品牌。商标或品牌是包装中最主要的构成要素，应在包装整体上占据突出的位置（图5-9）。

（2）包装形状。适宜的包装形状有利于储运和陈列，也有利于产品销售，因此，形状是包装中不可缺少的组合要素，创新形状的包装更能引起消费者的青睐（图5-10）。

（3）包装颜色。颜色是包装中最具刺激销售作用的构成元素。突出商品特性的色调组合，不仅能够加强品牌特征，而且对顾客有强烈的感召力。

（4）包装图案。图案在包装中如同广告中的画面，其重要性、不可或缺性不言而喻，所以是设计中的重点内容之一（图5-11）。

（5）包装材料。包装材料的选择不仅影响包装成本，也影响商品的市场竞争力，当下绿色环保的材料是包装设计的趋势（图5-12）。

（6）产品标签。在标签上一般印有包装内容和产品所包含的主要成分、品牌标志、产品质量等级、产品厂家、生产日期和有效期、使用方法等。所以，包装设计鉴赏要从全方位、多角度进行。

优秀的包装外形设计应遵循以下原则：

结合产品自身特点，充分运用商品外形要素的形式美法则；适应市场需求，进行准确的市场定位，创造品牌个性；要以"轻、薄、短、小"为准则，杜绝过度包装、夸大包装和无用包装；从自然中吸取灵感，用模拟的手法进行包装外形的设计创新；充分考虑环境与人机工程学要

图5-7　纯手工堵头布

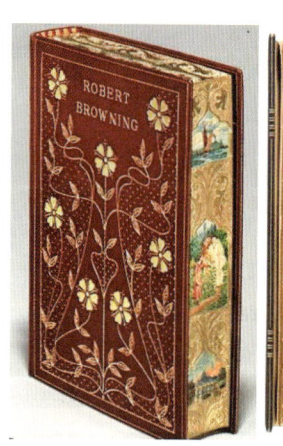

图5-8　精美的书籍切口设计

图5-9　突出品牌的包装

素；积极运用新工艺、新材料进行现代包装外形设计；大力发展系列化包装外形设计。

优秀的包装设计必须以市场调查为基础，从商品的生产者、商品和销售对象三个方面进行定位，选择适当的包装材料，先进行包装结构的设计，然后根据包装结构提供的外观版面，通过文字、标志、图像等视觉要素的编排设计表现出来，做到信息内容充分准确，外观形象吸睛悦目，富于品牌的个性特色。

三、广告设计审美鉴赏

广告设计就是将广告主的广告信息，设计成易于接收者感知和理解的视觉符号（或结合其他符号），如文字、标志、插图、动作（和声音）等，通过各种媒体（或多媒体）传递给接收者，达到影响其态度和行为的广告目的。

广告的历史非常悠久，在原始社会末期，商品生产和商品交换出现以后，广告也随之出现。最早出现的是口头广告和实物广告，印刷术发明之后，出现了印刷广告。现代电信传播技术，导致了电台与影视广告的诞生。广义的广告，除了以营利为目的的商业广告之外，还包括非营利性的社会广告，例如政府公告、各类启事和声明等。广告有五个要素：广告信息的发送者（广告主）、广告信息、信息接收者、广告媒体和广告目标。一个成功广告的基本特征包括：①广告能立刻引起注意。②广告能引导人的视线聚焦到广告的主题和内容上。③广告的主要部分具有容易被记忆的特性。④广告所引起的联想和感觉是预期的。如图5-13所示的油漆快干广告，刷完接着就能坐下，广告能立刻引人注意，而且能使人印象深刻，能达到很好的商业效果。如图5-14所示是一款刀具的广告，其用夸张的手法表现了"The Sharpest Knives"最锋利的刀。

图5-10 创意形状的包装

图5-11 图案、色彩都具竞争力的包装

图5-12 创意材料设计的包装

图5-13 油漆快干广告　　图5-14 刀具广告

优秀的广告是"智"战，而不再是"媒体大战""投入大战"。广告创意的竞争是最核心的竞争。广告创意是介于广告策划与广告表现制作之间的艺术构思活动，即根据广告主题，经过精心思考和策划，运用艺术手段，把所掌握的材料进行创造性的组合，以塑造一个意象的过程。简言之，即广告主题意念的意象化。好的意念有时可能会很简单，诚恳、亲切、不夸张便使人信服，取得成功。沙县小吃的广告在中国各个城市都很常见，但是大部分雷同单一，《沙县进军日本之海报版》用清淡的日系色彩、精美的意象组合和广告主题内容找到相关联系，这在"新颖性"与"可理解性"之间寻找到最佳结合点（图5-15）。

优秀的广告创意具有独创性原则。独创性的广告创意具有最大强度的心理突破效果，能够在受众脑海中留下深刻的印象，长久被记忆，这一系列心理过程符合广告传达的心理阶梯的目标。独创性是广告创意的首要原则，但独创性不是目的。广告创意能否达到促销的目的基本上取决于广告信息的传达效率，这就是广告创意的实效性原则，其包括理解性和相关性。理解性即易为广大受众所接受。在进行广告创意时，就要善于将各种信息符号元素进行最佳组合，使其具有适度的新颖性和独创性。其关键是在"新颖性"与"可理解性"之间寻找到最佳结合点，而相关性是指广告创意中的意象组合和广告主题内容的内存相关联系。

四、CI设计审美鉴赏

CI也称CIS，是英文Corporate Identity System的缩写，目前一般译为"企业识别系统"。CI设计，即有关企业形象识别的设计，包括企业名称、标志、标准字体、色彩、象征图案、标语、吉祥物等方面的设计。CI是运用视觉传达设计，将抽象的企业经营理念和企业精神文化，以视觉的形态明确化，转化成具体的形象概念——企业标志、企业标准字、标准色，从而刻画独具特色的企业形象。

优秀的CI设计，其特征具有差别性、标准性、传播性。CI的真正意义在于"传播"，也就是说精心设计的标准化的识别系统，通过有效的传播得到公众的认可，在消费者心目中树立一个良好的形象，从而促进企业的市场销售，推动企业的发展。CI属于形象传播的范畴，是建立在传播基础上的企业形象战略。例如小湘村湘菜馆整体形象设计（图5-16），从logo到形象画面，从菜单到灯具、餐具，从室内装修到员工服饰，都是精心设计的标准化的识别系统，非常利于企业形象传播。

鉴赏优秀的CI设计可从以下几个方面：是否提高企业的知名度；是否塑造鲜明、良好的企业形象；是否培养员工的集体精神、强化企业的存在价值、增进内部团结和凝聚力；是否达到使社会公众明确企业的主体个性和同一性的目的。CI通过物质环境、时空环境、信息环境及视觉识别的同一性、独特个性传达给公众，使社会公众能了解、识别，从而接受企业及企业的产品。

CI设计作为一个系统设计，包括三个层面：第一层是理念识别（MI），称为CI的"想法"，即企业理念，对内影响企业的决策、活动、制度、管理，对外影响企业的公众形象、广告宣传等，是企业识别系统的中心构架；第二层在国际上称为Display Design，是指一定的行为识别（BI），称为CI的"做法"，企业实践经营理念与创造企业文化的准则，BI直接反映企业理念的个性和特殊性；第三层是视觉识别（VI），称为CI的"看法"，视觉识别设计（VI）是最外在、最直接、最具有传播力和感染力的部分。如著名设计师龟仓雄策的大阪地铁形象设计，反映了同样用于企业口号的品牌概念——"不断行进，不断变化"——通过内含地铁"Metro"的"M"，以及大阪"Osaka"的"O"的螺旋动感形态

图5-15 沙县小吃的广告

（活动M），体现出充满活力的大阪街巷，以及不断行进的生命力（图5-17）。

优秀的CI是从研究企业品牌资源这一核心问题入手，到品牌资源整合、品牌形象设计、品牌传播推广、品牌扩张与延伸和品牌战略性管理的"全过程CI"。其结果是一步步由区域性品牌，成为全国知名品牌、著名品牌，直至国际品牌。优秀的CI具有强烈的个性和震撼力，它不仅来自"既要与众不同，更要大众认同"的形象设计，更要有深刻的理念内涵。如图5-18所示，"憨仔熊猫"咖啡厅VI设计，其将企业标志的基本要素，以色彩及形象来有效地展开其产品的强力方针及管理系统，特别是粉色系形成企业固有的视觉形象，"憨仔熊猫"的形象是其视觉符号的设计，以形象统一化来传达精神与经营理念，可有效打响企业的知名度及推广其产品的形象。

CI的最终目的是统一的，又是最简单明了的，就是实现企业的利润最大化。企业的生存和发展，不管采取何种竞争手段，其最终目的都是获取最佳的经济效益和社会效益。CI作为一种经营管理方法，最终的目的也是实现企业利润最大化的目标。

图5-16　小湘村湘菜馆整体形象设计

图5-17　大阪地铁VI设计

图5-18　憨仔熊猫咖啡厅VI设计

第二节　产品设计审美鉴赏

产品设计，是一个创造性的综合信息处理过程，通过多种元素如线条、符号、数字、色彩等方式的组合把产品的形状以平面或立体的形式展现出来。它是将人的某种目的或需要转换为一个具体的物理或工具的过程；是把一种计划、规划设想、问题解决的方法，通过具体的操作，以理想的形式表达出来的过程。

产品设计也称"为了使用的设计"，也有人称"造物艺术"。广义的产品设计，包括人类所有的造物活动。从第一块敲砸而成的石器，到今天的汽车、电视、VCD，都是人类产品设计行为的结晶。在习惯上，建筑、城市和大坝等巨大的人造物的设计，一般称为环境设计，而不是产品设计，但是用预制件装配生产而成的建筑物仍属于产品设计的范围。此外，那些不生产也不销售耐用或易耗消费品的服务性部门，如银行、保险、广告、市场研究等，其提供的服务也可称为"产品"，并且也需要设计，但不是我们所指的产品设计范畴。

一、产品设计的基本要素

产品的功能、造型和物质技术条件，是产品设计的三个基本要素。功能是指产品所具有的某种特定功效和性能。功能是产品的决定性因素，功能决定着产品的造型，但功能不是决定造型的唯一因素，而且功能与造型也不是一一对应的关系。造型是产品的实体形态，是功能的表现形式。各种技术、材料、工艺和设备物质技术条件是实现功能与造型的根本条件，是构成产品功能与造型的中介因素。一些人认为，产品要实用，因此，设计产品首先是功能，其次才是形状；而另一些人认为，设计应是丰富多彩的、异想天开的和使人感到有趣的。所以优秀的产品

设计，应满足多方面的要求，这些要求，有社会发展方面的，有产品功能、质量、效益方面的，还有使用要求或制造工艺要求。产品设计审美鉴赏应注意以下这些方面的具体情况：

（1）社会发展要求。设计和试制新产品，必须以满足社会需要为前提。这里的社会需要，不仅是眼前的社会需要，而且要看到较长时期的发展需要。为了满足社会发展的需要，开发先进的产品，加速技术进步是关键。如图5-19所示的智能药盒设计，就是为了满足社会发展的需要开发的先进产品，当然技术解决是这个设计得以实现的关键。为此，必须加强对国内外技术发展的调查研究，尽可能吸收世界先进技术。有计划、有选择、有重点地引进世界先进技术和产品，有利于赢得时间，尽快填补技术空白，培养人才和取得经济效益。

（2）经济效益要求。设计和试制新产品的主要目的之一，是满足市场不断变化的需求，以获得更好的经济效益。好的设计可以解决顾客所关心的各种问题，如产品功能如何、手感如何、是否容易装配、能否重复利用、产品质量如何等；同时，好的设计可以节约能源和原材料，提高劳动生产率、降低成本等。所以，在设计产品结构时，一方面要考虑产品的功能、质量；另一方面要顾及原料和制造成本的经济性，同时，还要考虑产品是否具有投入批量生产的可能性。许多生活中的日用产品设计，既有高颜值，又具有良好的功能，批量生产且功能良好，原材料及成本都不会增加太多，其深受消费者喜爱（图5-20）。

（3）使用要求。新产品要为社会所承认，并能取得经济效益，就必须从市场和用户需要出发，充分满足客户的使用要求。这是对产品设计的起码要求。使用的要求主要包括以下几个方面的内容：①使用的安全性：设计产品

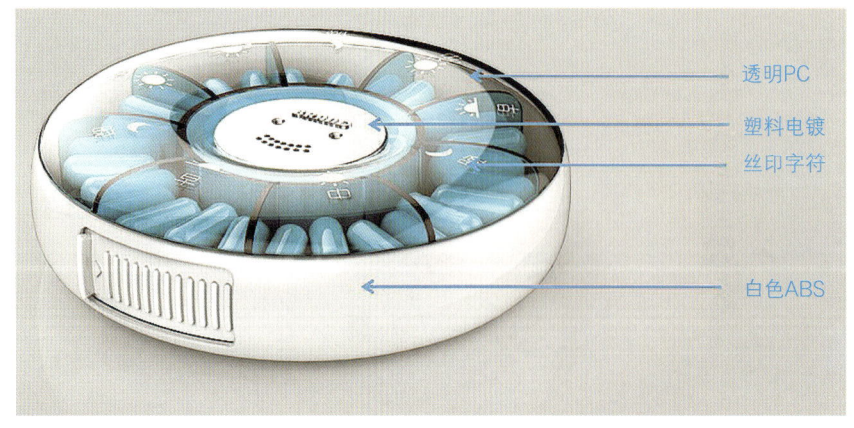
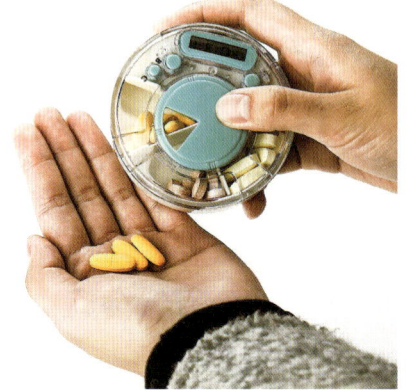

图5-19　智能药盒设计

时，必须对使用过程的种种不安全因素，采取有力措施，加以防止和防护。同时，设计还要考虑产品的人机工程性能，易于改善使用条件。②使用的可靠性：可靠性是指产品在规定的时间内和预定的使用条件下正常工作的概率。可靠性与安全性相关联。可靠性差的产品，会给用户带来不便，甚至造成使用危险，使企业信誉受到损害；易于使用，对于民用产品（如家电等）十分重要。③美观的外形和良好的包装：产品设计还要考虑和产品有关的美学问题，兼顾产品外形和使用环境、用户特点的关系。在可能的条件下，应设计出用户喜爱的产品，提高产品的欣赏价值。如图5-21所示的水龙头可以随着水温的变化改变颜色，不但好用，而且非常美观。

（4）制造工艺要求。生产工艺对产品设计的最基本要求，就是产品结构应符合工艺原则。也就是在规定的产量规模条件下，能采用经济的加工方法，制造出符合质量要求的产品。这就要求所设计的产品结构能够最大限度地降低产品制造的劳动量，减轻产品的重量，减少材料消耗，缩短生产周期和制造成本。

从生产方式的角度来看，产品设计可以划分为手工艺设计和工业设计两大类型。前者是以手工制作为主的设计，后者是以机器批量化生产为前提的设计。

二、手工艺设计审美鉴赏

手工艺设计是以手工生产为基础，对原料进行有目的的加工制作的设计，主要依靠双手和工具，也不排斥简单的机械。手工艺设计的范围主要包括陶瓷器、漆器、玻璃制品、皮革制品、皮毛制品、纺织品、木工制品、竹制品、纸制品等的手工设计制作。在工业革命以前，手工设计制作是人类获得产品的主要手段。世界上多数民族都有自己历史悠久、各具特色的手工艺传统。手工艺设计从时间上分，可以分为传统手工艺和现代手工艺。传统手工艺在时序上相对现代而言，指现代工业社会以前的所有工艺品类，狭义地说是指传统社会中某一部分工艺，这种工艺作为传统手工艺的代表，也称特种工艺，如玉器、象牙雕刻、雕漆、刺绣、金银首饰等。在历代，这些工艺品是贵族阶级的玩物，过度的装饰和精工细作，贵重的材料，都体现了特权阶级的奢侈品位。

例如中国传统手工艺——缂丝，又称"刻丝"，是一种经彩纬显现花纹，形成花纹边界，具有犹如雕琢镂刻的效果，且富双面立体感的丝织工艺品，是中国传统丝绸艺术品中的精华。宋元以来一直是皇家御用织物之一，常用于织造帝后服饰、御真（御容像）和摹缂名人书画。因织造过程极其细致，摹缂常胜于原作，而存世精品又极为稀少，常有"一寸缂丝一寸金"和"织中之圣"的盛名

（图5-22）。现代手工艺具有现代性和现代品质，是现代材料、现代艺术观念、审美观念和手工制作技术的产物。现代手工艺的一个重要特点是走向日常生活领域，业余手工制作成为设计的一个新趋向。和传统手工艺相比，现代手工艺的技术比重有所降低，艺术的含量增加了（图5-23）。

由于手工艺设计与制作往往没有完全分离，传统风格与个人经验、趣味的影响常常贯穿整个产品的生产过程。因此，相比标准单一、使人有冷漠感的工业产品，手工艺产品更具民族化、个性化和风格化的特征，其独有的亲切、细腻与自然的美感，是机制产品所不能替代的。但是，由于受生产手段的制约，以及相对封闭和分散的发展形势，造成了手工艺品不能像工业产品一样广泛地进入普通人的生活。

图5-20　厨房用品设计——煎蛋器、切蛋器

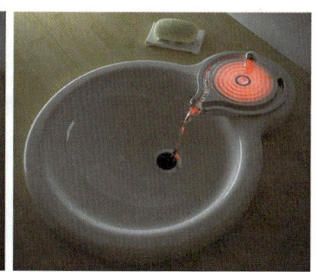

图5-21　随水温变色的水龙头设计

图5-22　传统手工艺——缂丝

三、工业设计审美鉴赏

工业设计是经过产业革命，实现工业化大生产以后的产物，以区别于手工业时期的手工设计。工业设计指工业的机械结构设计，它主要解决一定物质技术条件下工业产品的功能与形式的关系，即将功能、结构、材料和生产手段统一起来。从性质上分，工业设计可分为式样设计、形式设计和概念设计。式样设计是对现有的技术、材料和消费市场等进行研究，改进现有产品的设计。所谓形式设计，是着重对人们的行为与生活难题的研究，设计出超越现有水平，满足数年后人们新的生活方式所需的产品，强调生活方式的设计。所谓概念设计，是不考察现有生活水平、技术和材料，纯粹在设计师预见能力所能达到的范畴内考虑人们的未来与未来的产品，是一种开发性地从根本概念出发的设计。

工业设计与手工艺设计相比，有着明显的不同：手工艺设计是单件制作，工业设计是批量生产；手工艺设计是设计与制作不分，工业设计中设计与生产分离；手工艺设计不需要精心组织，而工业设计是有组织的活动，它要协调技术与艺术、企业的关系等，它是人—产品—环境—社会的中介。优良的工业设计，是对产品的功能、材料、构造、形态、色彩、表面处理、装饰等诸因素从社会的、经济的、技术的角度进行综合处理，既要符合人们对产品的物质功能要求，又要满足人们审美情趣的需要，所以说它是人类科学、艺术、经济、社会有机统一的创造性活动（图5-24、图5-25）。

优秀的工业设计极力要求人类在生产实践活动中，把科学技术与文化艺术重新统一起来。所以工业设计审美鉴赏包括了科技与艺术方面的众多学科知识，工业设计既能满足产品技术方面的因素，也要处理艺术方面的内容，来满足人类需求这一最高目的。通过针对人生理、心理、生活习惯等，进行产品的功能、性能、形式、价格、使用环境的定位，结合材料、技术、结构、工艺、形态、色彩、表面处理、装饰、成本等因素，从社会的、经济的、技术的角度进行创意设计，在企业生产管理中保证设计质量实现的前提下，使产品既是企业的产品、市场中的商品，又是老百姓的用品，达到顾客需求和企业效益的完美统一。

四、服装成衣设计审美鉴赏

服装设计严格上区分为时装设计与成衣设计。服装设计分为款式设计、结构设计、工艺设计三个部分。服装款式设计是将艺术的朦胧感、粗略感和形象感，逐步转化为产品的过程。服装款式设计是运用美学原理，对服装的外形和内部的结构，点、线、面、体的组合与分解，对整体与局部、形式和内容进行综合性的筹划。服装结构设计和工艺设计则是运用工程学的原理对服装的结构、制作进行合理性和机能性设计。结构设计是在款式设计的基础上进行人体测量、结构分析、平面制图的过程。工艺设计是在款式设计和结构设计的基础上，对服装的制作方法、原材料消耗、工时、流程、质量检验等进行合理安排。

服装设计审美鉴赏一般坚持以下几个原则。

（1）统一原则。良好的设计中，服装上的部分与部分间、部分与整体间各要素如质料、色彩、线条等的安排，应有一致性。如果这些要素的变化过多，则会破坏

图5-23　现代手工艺——蛋雕

图5-24　概念车

图5-25　陪护机器人

一致的效果。形成统一最常用的方法就是重复，如重复使用相同的色彩、线条等，就可以造成统一的特色（图5-26）。

（2）加重原则。重点的设计，可以利用色彩的对照（如黑色洋装系上红色腰带）、质料的搭配（如毛呢大衣配毛皮领子）、线条的安排（如洋装上自领口至底边的开口）、剪裁的特色（如肩轭布及公主线的设计），及饰物的使用（如黑色丝绒旗袍上佩戴金色项链）等达成。但是上述强调的方法，不宜数法并用，强调的部位也不能过多，并应选择穿者身体上美好的部分，作为强调的中心。有时候强调袖口和门襟的细节来达到加重原则（图5-27）。

（3）平衡原则。平衡可分为绝对的平衡和相对的平衡。前者款式的服装，有端正、庄严的感觉，但是较为呆板。后者是感觉上的平衡，也就是衣服左右部分设计虽不一样，但有平稳的感觉，常以斜线设计（如旗袍的前襟）达成目的。此种设计给人的感觉是优雅、柔顺。此外，还要注意服装上身与下身的平衡，不可过分的上重下轻，或下重上轻。可利用鞋子、手袋等配饰与服装的颜色呼应，或者是利用服装细节元素的重复达到平衡的视觉效果（图5-28）。

（4）比例原则。指服装各部分大小的分配应合宜适当，例如口袋与衣身大小的关系、衣领的宽窄等都应适当。"黄金分割"的比例，多适用于衣服上的设计。此外，对于饰物、附件等的大小比例，也应重视。利用服装腰部、肘部的细节设计或者饰物色彩来达到分割目的，视觉上舒适恰当，符合比例原则（图5-29）。

（5）韵律原则。指规律的反复，而产生柔和的动感。如色彩由深而浅，形状由大而小等渐递的韵律，线条、色彩等具规则性重复的反复的韵律，以及衣物上的飘带等飘垂的韵律，都是设计上常用的手法（图5-30）。

图5-26　服装设计中的色彩统一

图5-27　服装设计中的加重原则运用

图5-28　服装设计中的平衡原则运用

图5-29　服装设计中的比例原则运用

图5-30　服装设计中的韵律原则运用

在服装设计中,节奏与韵律表达形式多种多样,服装造型中的点、线、面、色彩等变化都体现着节奏与韵律的特征。节奏与韵律的具体应用形式和体现手法也是多种多样的,如叠加法、渐变法、折叠法、抽褶法、散射法、并置法、缠绕法、旋转法、编织法等,鉴赏时除了注意服装造型艺术的使用空间,还要关注服装的趣味以及美感。

第三节 环境设计审美鉴赏

环境艺术设计是指对于建筑室内外的空间环境,通过艺术设计的方式进行整合设计的一门实用艺术。环境艺术所涉及的学科很广泛,包括建筑学、城市规划学、人类工程学、环境心理学、设计美学、社会学、文学、史学、考古学、宗教学、环境生态学、环境行为学等学科。环境艺术设计通过一定的组织、围合手段,对空间界面(室内外墙柱面、地面、顶棚、门窗等)进行艺术处理(形态、色彩、质地等),运用自然光、人工照明、家具、饰物的布置、造型等设计语言,以及植物花卉、水体、小品、雕塑等要素的配置,使建筑物的室内外空间环境体现出特定的氛围和风格,来满足人们的物质和精神需求。

环境艺术设计是一个新兴的设计学科,它所关注的是人类生活设施和空间环境的艺术设计。20世纪80年代以前这一学科被称为室内艺术设计,主要是指建筑物内部的陈设、布置和装修,以塑造一个美观且适宜人居住、生活、工作的空间为目的,随着学科的发展,其概念已不能适应发展的实际需要,因为设计领域已不再局限于室内空间,而是已扩大到室外空间的整体设计、大型的单元环境设计、一个地区或城市环境的整体设计等多方面内容。

一、室内设计审美鉴赏

室内设计是建筑物内部的环境设计,是以一定的建筑空间为基础,运用技术和艺术因素制造的一种人工环境,它是一种以追求室内环境多种功能的完美结合,充分满足人们生活、工作中的物质需求和精神需求为目标的设计活动。优秀的室内设计外表的装饰要求美观、引人入胜,内里的工序如空间策划、用料、结构、细节等基本技术因素要求严谨、科学,而且对设计效果的最终体现影响巨大。因此,必须把外表艺术性与内里的技术性合二为一,直至达到美观和实用共存。一个成功的室内设计,在功能上应当是适用的,在视觉上要具有一定的吸引力,并要始终注意室内意境的构思和创造。设计者要在设计中以创作原理为基础,变换处理各种设计要素,突出特定场所的特征和环境特色,在有限的空间内创造出一个功能合理、美观大方、格调高雅、富有个性的室内环境。

室内设计审美鉴赏应该从空间要素、色彩要素、光影要素、装饰要素、陈设要素、绿化要素等几个方面进行展开。

空间分割是室内设计的重点,空间的合理化并给人们以美的感受是设计的基本任务。首先要满足使用功能要求,室内设计是以创造良好的室内空间环境为宗旨,把满足人们在室内进行生产、生活、工作、休息的要求置于首位,所以在室内设计时要充分考虑使用功能要求,使室内环境合理化、舒适化、科学化;要考虑人们的活动规律,处理好空间关系、比例尺度关系;合理配置陈设与家具,妥善解决室内通风、采光与照明,注意室内色调的总体效果(图5-31)。

色彩要求也是室内设计的重要一环,室内色彩除对视觉环境产生影响外,还直接影响人们的情绪、心理。科学用色有利于工作,有助于健康。色彩处理得当既能符合功能要求又能取得美的效果。室内色彩除了必须遵循一般的色彩规律外,还应随着时代审美观的变化而有所不同(图5-32)。

室内设计审美鉴赏中光影要素也是鉴赏之重。人类喜爱大自然的美景,常常把阳光直接引入室内,以消除室内的黑暗感和封闭感,特别是顶光和柔和的散射光,使室内空间更为亲切自然。光影的变换,使室内更加丰富多彩,给人以多种感受(图5-33)。室内装饰要素是整体空间中不可缺少的部分。建筑构件如梁、柱子、墙面等,结合功能需要加以装饰,可共同构成完美的室内环境。充分利用不同装饰材料的质地特征,可以获得千变万化和不同风格的室内艺术效果,同时还能体现地区的历史文化特征。

装饰陈设要素是室内设计审美鉴赏的重要内容。室内装饰的目的是创造适用、美观的室内环境,室内空间的地面和墙面是衬托人和家具、陈设的背景,而顶面的差异使室内空间更富有变化。好的设计整体环境应协调一致,取长补短。从空间的总体环境效果来看,基面要和顶棚、墙面装饰相协调配合,同时要和室内家具、陈设等起到相互衬托的作用。室内家具、地毯、窗帘等,均为生活必需品,其造型往往具有陈设特征,大多数起着装饰作用。实用和装饰二者应互相协调,功能和形式应统一而有变化,使室内空间舒适得体，富有个性。室内空间里，墙面的装饰效果，对渲染美化室内环境起着非常重要的作用，墙面的形状、图案、质感和室内气氛有着密切的关系，为创造室内空间的艺术效果，墙面本身的艺术性不可忽视（图5-34）。

室内设计中绿化已成为改善室内环境的重要手段。室内种植绿植，培养花卉，利用绿化和小品对沟通室内外环境、扩大室内空间感及美化空间均起着积极作用（图5-35）。

优秀的室内设计在考虑使用功能要求的同时，还必须考虑精神功能的要求（视觉反映心理感受、艺术感染力等）。室内设计的精神就是要影响人们的情感，乃至影响人们的意志和行动，所以要研究人们的认识特征和规律，研究人的情感与意志，研究人和环境的相互作用。设计者要运用各种理论和手段去冲击影响人的情感，使其升华达到预期的设计效果。室内环境如果能突出地表明某种构思和意境，就会产生强烈的艺术感染力，更好地发挥其在精神功能方面的作用。

二、景观设计审美鉴赏

景观设计，是指风景与园林的规划设计，它的要素包括自然景观要素和人工景观要素。其与规划、生态、地理等多种学科交叉融合，在不同的学科中具有不同的意义。景观设计主要服务于城市景观设计（城市广场、商业街、办公环境等）、居住区景观设计、城市公园规划与设计、滨水绿地规划设计、旅游度假区与风景区规划设计等。

景观设计的内容根据出发点的不同有很大区别。大面积的河域治理，城镇总体规划大多是从地理、生态角度出发；中等规模的主题公园设计、街道景观设计常常从规划和园林的角度出发；面积相对较小的城市广场、小区绿地、住宅庭院等往往从详细规划与建筑角度出发，但无疑这些项目都涉及景观因素。在规划及设计过程中对景观因素的考虑，通常分为硬景观和软景观。硬景观一般是指人工设施，通常包括铺装、雕塑、凉棚、座椅、灯光、果皮箱等；软景观一般是指人工植被、河流等仿自然景观，如喷泉、水池、抗压草皮、修剪过的树木等。

图5-31　空间处理合理的室内设计

图5-32　烘托色彩气氛的室内设计

图5-33　强调光影的室内设计

图5-34　墙面织物的室内装饰

景观设计审美鉴赏主要包括以下几个方面：

（1）功能定位合理。功能定位是景观项目成败的关键，是园林景观区别于纯粹艺术设计的重点，是景观设计方向的指导核心。可通过底面、顶面、围合、豁口、边界等元素来分析，并通过向心性、指向和节奏来强化空间感。如图5-36所示的景观设计，以祥云流水为景观主线，用流畅、飘逸的线条营造出灵动峰谷体验的大空间。如图5-37所示是以"悦动生活"为主题的多功能复合游乐场地，其融入多彩的趣味符号，孩童可以在这里追逐嬉戏，尽情享受美好的童年时光。

（2）主题立意新。这是形成景观特色的主要因素。景观设计中的主题立意常常表现在主题空间的特色中，这是由更为具体的物质成分及状态决定的，它具体描绘了构成空间的元素或成分，物体质地、光线色彩、形式等，形成地方特色的氛围。如图5-38所示的静水面景观设计，形式新颖，功能性强。

（3）空间尺度适宜。空间尺度要符合项目环境定位，一般以强调舒适宜人为主，少数以体现大气简洁为主。如图5-39所示是溢水式景观水景，其规模小，设置灵活，配景效果好，可配合多种近水、亲水活动，安全可靠。

（4）材质。材质元素包含绿化苗木、硬质景观材料，以及装饰小品的运用，特点是要强调项目特色，考虑人性化、经济性、安全性、合理性和新材料、新技术的应用。如图5-40所示，设计以现代、简洁的建筑语言，以传统中国园林意境为出发点，将建筑与景观巧妙、有机地结合起来，立面材料用清水混凝土，凸显简洁现代的建筑风格。

（5）造型、细节。体现景观设计价值和品质的重点是其细节设计，也是点睛的部分。新泽西的Cipriano Landscape Design公司设计的小提琴游泳池，除了外观兼具小提琴的各种零部件以外，还在选材上颇为投入，采用了LED电子灯将小提琴的琴弦勾勒出来。泳池底部安装有多功能播放器，满足游泳玩耍的人们的不同需求（图5-41）。

（6）艺术、文化。这是景观设计长期性价值体现的重点。只有艺术性较高、具有文化内涵的园林景观作品，才会突破视觉感知的局限，才会从标新立异中成就经久耐看的经典作品。如图5-42所示的景观设计利用了传统造园手法，具有浓厚的古典文化气息。

（7）因地制宜。人性化、经济性的处理，也是鉴赏景观设计必须注重的要点。如图5-43所示在景观中巧妙融入和环境相配的小品，既经济实用，又具有人性化的

图5-35　室内设计中的绿色植物要素

图5-37　多功能复合景观设计

图5-36　功能流线景观设计

图5-38　静水面景观设计

关怀。

（8）场所感知。环境景观设计最终营造场景氛围的重点，要超出单一的视觉感知，让作品存在于时间和空间中被多方面的感知。环境的宜人性和情感性方面是营造场所感的手段。注重场所本身所反映的情感特征，和使用者的情感、心理反映，因此，景观设计除应当实现一定的功能满足外，更应当注重整个环境带给人们的精神满足，反映景观作为人生存和向往的人文关怀。如图5-44所示，是利用灯光营造整个景观气氛，而图5-45是利用材质创造一种形式感极强的景观。

三、公共艺术设计审美鉴赏

具有开放、公开特质的，由公众自由参与和认同的公众空间称为公共空间，而公共艺术设计正是这种公共开放空间中的艺术创作与相应的环境设计。

总体来看，公共空间的最大特征是开放性，即公共空间艺术活动场所的开放性以及由此产生的对场所公众的开放性。公共艺术是多样介质构成的艺术性景观、设施及其他公开展示的艺术形式，公共艺术涉及的范围很广，对其分类的角度也多有不同。从艺术形式上分，有建筑、景观、雕塑、绘画、园艺、摄影、广告、影像、表演、音乐等；从设计类型上分，有平面造型艺术、公共壁画艺术、空间造型艺术、公共景观造型艺术、公共设施造型艺术等。从展示形式上分，有由平面到立体、由壁面到空间、由室内到室外及地景等；从艺术功能上分，有点缀性、纪念性、休闲性、实用性、游乐性等。

公共艺术设计的审美鉴赏应该从以下几个方面入手：

（1）考虑公共艺术的开放性。优秀的公共艺术作品与空间环境是具有很强的互动关系的，公共艺术所处

图5-39 溢水式景观设计

图5-40 凸显材质元素的景观设计

图5-41 造型、细节点睛的景观设计

图5-42 传统造园手法的景观设计　　图5-43 树叶座椅景观小品

图5-44　灯光营造气氛

图5-45　形式感强烈的景观设计

的场所往往是川流不息、视域开阔的开放型空间（广场，公园，人行道，街面，车站等），公共艺术作品必须具备形体和视觉上的开放性，具备多角度视域下的观赏方式以及公众直接介入作品等特征（图5-46）。

（2）考虑公共艺术作品与人的互动关系。公共艺术改变了传统艺术中"艺术家—作品—观众"这种线性模式，在创作公共艺术的过程中，始终强调公众的参与，许多作品是艺术家、设计师和公众共同完成的，公众的参与使公共艺术真正成为公众的艺术（图5-47）。

（3）公共艺术表现形式要兼顾通俗化与多样性。面对不同社会层次、不同教育背景、不同民族、不同宗教信仰，甚至不同国度的人群，公共艺术作品的表现语言应当强调满足公共性要求的通俗化倾向。这里所指的通俗化，不是大众喜闻乐见的"老生常谈"的作品，更不是艺术上的"世俗化"，而是指把大众的审美心态作为一个基本的学术课题来对待，强调审美的公共性，强调作品与环境、公众和谐的学术倾向（图5-48）。

（4）公共艺术设计上要具有综合性。公共艺术在设计上要综合考虑功能性（规范要求）、人文题材（文化底蕴）、环境观（空间要求）、公共性（公众要求）、环保观念（时代要求）、材料等要素。综合性不仅体现艺术审美要求，还涉及材料学、力学、视觉心理学、建筑学、环境色彩学、光学、民俗学等综合学科。如图5-49所示是悉尼中央城区一座老啤酒厂重新整修发展的中心作品，巨型的风力动态雕塑《光晕》。作品的运动方式掩藏在其庄严的形象之下，11米宽的巨大珍珠黄色碳纤维环，由5米多长的银色旋臂与12米高的柱子连接。它的运动既有缓慢的倾斜，也有更为夸张的剧烈摇摆翻滚，如同跟随变化的曲调和不定的风向翩翩起舞。尽管看起来简单而优美，这尊复杂的雕像实际上是工程动力的史诗巨作，耗时三年来研究、设计和测试，是不同领域专家的智慧结晶。

四、展示空间设计审美鉴赏

展示空间设计是在既定的时间和空间范围内，运用艺术设计语言，通过对空间与平面的精心创造，使其产生独特的空间范围的设计，其不仅含有解释展品宣传主题的意图，还使观众能参与其中，达到完美沟通的目的。

图5-46 公共艺术的开放性体现

图5-47 公共艺术的公众参与性体现

图5-48 公共艺术的通俗化与多样性体现

图5-49 巨型的风力动态雕塑《光晕》

　　展示空间设计从范围上可以大到博览会场、博物馆、美术馆，中到商场、卖场、临时庆典会场，小到橱窗及展示柜台（样品柜），不过都以具有说服力的展示为主要概念。就展示空间设计所处理的内容而言，主要有展示物的规划、展示主题的发展、展示具、灯光、说明、标识、指示及附属空间。商业空间设计和会展设计是其中的分支。如专卖店设计，展示空间设计的店面布置是引导人群和提高自我品位的关键，店面布置的主要目的是突出商品特征，使顾客产生购买欲望，又便于他们挑选和购买。形象要素（店面、橱窗、形象展示区）、功能要素（货架、柜台、收银台、座位、操作区、更衣室等）、导购要素（照明、音响、视频、购物、购物引导通道）是专卖店设计突出的重点。如图5-50所示，两个店面都能在第一时间向消费者表明这家专卖店的基本商业信息，包括商品、品牌行业等，并用相应的照明设计来完善自身的形象。专卖店的设计十分讲究，其线条简洁明快，不落俗套。在布置专卖店店面时，要考虑多种相关因素，诸如空间的大小、种类的多少、商品的样式和功能、灯光的排列和亮度、通道的宽窄、收银台的位置和规模、电线的安装及政府有关建筑方面的规定等。

展示空间设计的审美鉴赏主要从以下几个方面进行：

展示空间应是一个完整的人性化空间，首先它必须具备的几个展示空间是：商品空间，如柜台、橱窗、货架、平台等；其次是服务空间；最后是顾客空间。展示设计中空间分隔的目的和作用：一是按内容和品种划分若干个展区；二是增加变化，避免单调乏味，避免一览无余；三是变换景观，增加层次感，可以引人入胜；四是组织和控制人流，做好不同空间的连接与过渡。空间分割可以利用视线阻断的遮挡、通透的分隔、可视但不可通的隔断等。

优秀的展示空间设计在整个展示空间中能调动一切可能配合的因素，在造型设计上尽量做到有特色，在色彩、照明、装饰手法上力求别出心裁，在布置方式上将展示陈列生活化和人性化、现场化，在参观方式上提倡观众动手操作体验，积极参加活动形成互动，还可以在展区内设立招待厅、休息室，或提供赠送小礼品、发送宣传手册等灵活多样的服务，使整个展示空间及过程完整，使人感觉不是在看商品展出而是一种享受。利用色彩营造展示气氛能取得很好的视觉效果，另外展示空间手法独特，也会使人印象深刻（图5-51、图5-52）。

优秀的展示空间设计具有以下几个特点：

（1）空间环境的开放性、通透流动性、可塑性和有机性。给人以自由亲切之感，让人可感、可知、可自由进出入，进行参观和交流。如有些车展的展示空间分割，为了更好地展现商品全方位视角，也为了节省空间，其将室内地面局部抬高，抬高面的边缘划分出的空间，具有展示性和外向性。另外，在一些书籍展览或者小商品展示设计时，开放性展示空间更能给人带来参观自由体验，达到更好地展示效果（图5-53）。

（2）实现展品信息的经典性原则，应严格落实少而精的要求（图5-54）。

（3）实现固有色的"交互混响"的统合色彩效果，

图5-50 专卖店展示设计

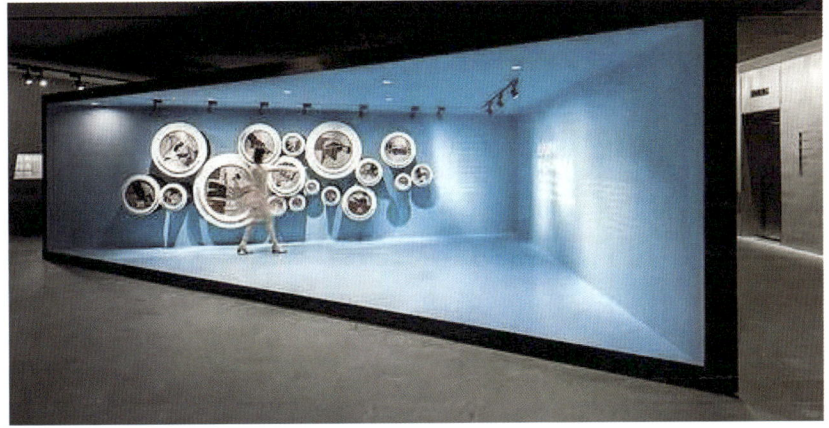

图5-51 以色彩营造气氛的展示空间设计

图5-52 装饰手法独特的展示空间设计

并重视对无色彩系列的运用（图5-55）。

（4）尽量采用新产品、新材料、新构造、新技术和新工艺。积极运用现代光电传输技术、现代屏幕映像技术、现代人工智能技术等成果。如图5-56所示就是利用现代光电技术实现的展示空间的分割，其风格独特。

（5）重视对软体材料的自由曲线、自由曲面的运用，追求展示环境的有机化效果。

展示艺术的首要标准是完整而统一。形态统一、色彩统一、工艺统一、格调统一。总之，好的设计在艺术形式的秩序方面，都是十分明确的（图5-57）。

首先，展示空间设计的重要标准是创造性。主要表现在创意的新颖性和艺术形象的独创性，发挥最有效的市场作

图5-53 空间开放的展示设计

图5-54 展品信息的经典性原则体现

图5-55 无色彩系列运用的展示空间设计

图5-56 现代光电技术的展示空间设计

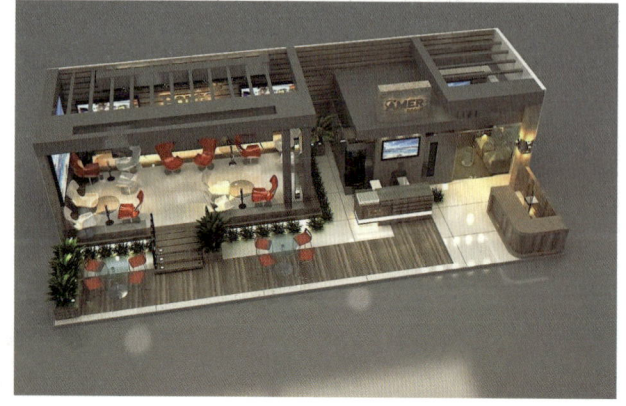

图5-57 完整而统一的展示空间设计

为，实现最有效的形象传播。这种创造涉及形式的定位、空间的想象、材料的选择、构造的奇特、色彩的处理、方式的新颖……例如标本与活体结合展示，上海科技馆生物万象展区的大型生态鱼缸中放置了千姿百态的活体鱼群，倍受观众喜爱。再如室内展示与露天展示结合，将某些展品放置在露天展示，可以使它们接近大自然，与观众的距离也缩短了，这种"回归自然"的形式新奇逼真，很适合当代人的审美情趣。如图5-58所示的展示空间设计，以动与静的结合，巧妙地运用幻灯、全息摄影、激光、录像、电影、多媒体等现代单像技术，及虚拟现实技术，使静态展品得到拓展，营造生动活泼、气氛热烈的展示环境，给人身临其境的感受。实物与电子信息的结合，通过电子导览系统，寻找理想的参观路线，让人们通过电脑问答机详细了解展示的知识内容，测试观看与参与相结合，满足了观众的自主性。

其次，展示空间设计要注重的标准是功能性和文化性。功能性主要是讲形式和内容的统一性问题。"冶金"主题的展台设计与"日化"主题的展台设计不可能是一样的，如图5-59所示的展示空间设计，既有创意，又突出展示的功能性。文化性指设计要有突显的风格和品位，其中地域和民族性的文化传统应当有自然而然的表现，体现出历史继承下发展的文化根源特征（图5-60）。

最后，展示空间设计要注重环境性标准。这里面包含着两层意思：一是任何美的客观存在都是在特定环境中实现的，好的设计必然是在充分研究四周环境后的产物，必须与环境在形式上"相得益彰"；二是任何一个好的设计都不会造成环境污染，都得符合"可持续发展"基本原则的要求。

总之，好的展示空间设计应当是坚持了内容与形式的统一、整体与局部的统一、科学与艺术的统一、继承与创新的统一的设计。

设计审美鉴赏是对设计进行的一种欣赏、审美活动，它表现了接受者对设计的理解程度。由于鉴赏者的身份、修养的差异，设计品的类别及所处时代、地域的不同，审美鉴赏的程度也有不同。设计鉴赏对设计的良性发展有促进作用，是设计师再创造的灵感源头。通过设计审美鉴赏，人们总结性地得出设计的特征，体会设计语义，从而形成体系，并能捕捉最新的设计趋势。虽然鉴赏者在实现审美判断时运用了客观标准，但鉴赏的过程无疑都带有主观性。而作为设计师和生产者，就需要去发现和探索在设计鉴赏的众多个性中存在的共性，通过准确的设计定位，最终形成产品的价值。设计强调对观赏者、使用者及受其影响者的作用和结果，意味着对设计品进行鉴赏和批评的必要性已包含在设计的概念之中。设计鉴赏使设计不会孤芳自赏，它提取了设计中的优秀因子，总结出规律，成为设计理论并运用到今后的设计中。设计鉴赏对设计史论也有指导意义，一个时代的设计鉴赏，反映了当时的社会文化、设计潮流等，只有通过鉴赏才能够形成历史性的价值。

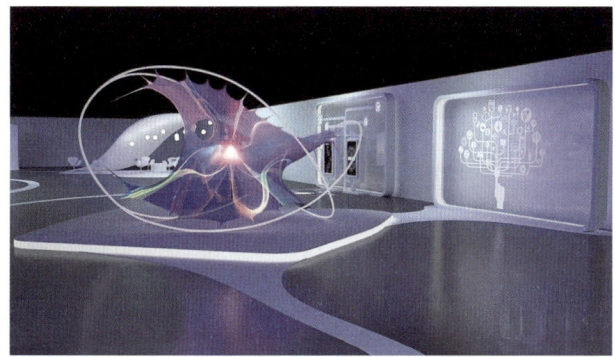

图5-58　现代光影技术的展示空间设计

图5-59　功能创造性的展示空间设计

图5-60　绿色风格的展示空间设计

本章思政与思考题

1. 视觉传达设计的基本构成要素有哪些？
2. 产品设计审美鉴赏有哪些要求？
3. 室内设计鉴赏要注意哪些要点？
4. 景观设计审美鉴赏主要包括哪些方面？
5. 查找资料，寻找蕴含"爱国主义、民族精神、社会责任"的著名设计案例。

第六章　中西方设计审美比较

拓展视频

本章概述

本章通过几个典型设计案例分析中西方设计美学的审美思想差异，从视觉、结构、空间、色彩等方面的差异来分析中西方民族在哲学、文化、审美心理、价值观念等方面的差异。

学习目标

通过本章的学习，学生能够了解中西方设计美学中的图案纹样、器物造型、色彩、建筑园林等设计观的差异，进而能够剖析设计审美产生的哲学观念、文化传统、价值理念等。

中西方民族在哲学观念、文化传统、审美心理、道德标准、价值观念等方面都存在着明显的差异。这种差异势必会对设计艺术产生深刻的影响，因而产生不同的设计美学思想。

总体来说，中西方的设计都注重理性，但是由于中西方设计具有不同的思想理论基础，所以其内容也存在很大的差异。中国设计的理性反映了儒、道等传统思想，追求人与自然和谐统一的审美理想，是一种抽象的理性。中国设计讲究"天人合一"的精神气质和喻物予形的形象特征。无论是建筑景观、器物设计还是家居的设计都与中国哲学中的儒家"中和适用"、道家"轻物重生""返璞归真"，甚至墨家"节用"的思想有着不可分割的联系。器物的设计造型不但要求合乎材料的特点，还要求合乎天时、地气、材美、工巧多重的和谐。西方的理性则建立在实证主义的基础上，更注重科学的理性，因此追求合逻辑的真理之美。西方设计美学讲究合乎科学的理性，注重科学实证，对设计的形式和功能进行追索，并不断在二者的动态演变中推动设计向前发展。西方设计由于不同历史时期对功能和形式的侧重不同，形成了不同的艺术流派的设计审美取向，西方设计美学思潮就是在形式与功能的动态交替过程中逐渐演变成现在的审美文化现象的。

中西方民族在哲学、文化等方面的差异产生了不同的设计美学思想。设计艺术折射出来的文化内涵，主要表现在中西方设计美学观念在视觉、结构、空间、色彩等方面的差异。

第一节　中西方图案纹样设计审美比较

华夏文明兴起于黄河流域、长江流域，长期定居于此的中国人一直以来主要从事农业生产，所以我们的文明常常被称为"大河文明"和"农耕文明"。古希腊人被称为大海之子，海外贸易和航海是他们的主要活动，商业活动讲求的是"平等""自由""契约"，农业生产则强调"传承""墨守""和平"。传统中国的文化基因是由农业生产为基础构建的，而古希腊文化的探险、远洋航海被认为是冒险的，当时的中国人是觉得匪夷所思的，由此就可以窥见西方文明和中华文明的天然区别,自然在设计观念和行为上都表现出巨大差异。

中国把"天人合一"作为审美的出发点,在造型上并不十分注重客观现实与图案绘制的一一对应,而是注重与人内心的理解、想象的结合,所以在现实生活中找不到描摹对象,因此比较抽象。西方的图案则不同,无论岩画还是陶瓶图样,表现内容大多是完整的故事情节或典故,情景性很强,体现了一种真实、模仿对象的现实主义精神,所以从绘画形式上看比较具象。

西方岩画更注重造型的准确性。从法国拉斯科洞窟壁画(图6-1)的表现手法上可以看出,西方图形的描写倾向于注重对客观现实的真实再现,并且以故事绘画的手法表现出来:一头野牛和狩猎者两败俱伤,野牛已被一根矛刺穿身体,腹下流出大量的肠子,但还在拼命地挣扎,向人冲去。图中的人物很值得注意,其形态被图案化了,长着鸟的头或是戴着鸟冠,右手握着顶端呈钩状的工具,可能是矛棒或标枪,双手各生长着四根指头,脚下还残留着矛棒的断片,其和野牛组合在一起,似乎受了伤的样子。古希腊陶器在图案上的变化也经过了一个从形象花纹图案向几何花纹图案的演变过程。但这种几何化的意义与中国古代图案纹样不同,欧洲图形大多是建立在对形式的提炼上,而中国的抽象纹样是体现了人与自然的融合。如"卍"纹(图6-2)其实早在我国新石器时代马家窑文化的彩陶上,其就作为装饰纹样出现。这个纹样作为一种祥瑞标记,在历代工艺装饰上多有应用,并组成各种图案,有吉祥、万福和万寿之意,"卍"字四端向外延伸,又可演化成各种锦纹,这种连锁花纹常用来寓意绵长不断和万福万寿,也称"万寿锦"。

中国传统纹样包括动物纹样、吉祥植物及人物纹样、几何纹样、吉祥图案或文字。动物纹样包括蟠龙纹、蟠虎纹、凤纹、麒麟纹、鹿纹、鹤纹、喜鹊纹等,大多选用人们崇拜喜爱之物,其中以龙纹、凤纹尤为突出。吉祥植物纹样深受当时绘画的影响,极具富丽堂皇、绚丽多彩之美,充分体现出一种强烈的雍容华贵的审美追求,像"岁寒三友"等植物形象,其某些特质体现了中华民族对人生哲理和人生观的理解和信奉。

几何图样与吉祥图案都具有深厚的东方特质和烙印。如八吉图案(图6-3),指外廓菱形作直线套接的几何图案,由模拟绳线编结而来。所谓八吉者,即假借"八结"之声,八结象征"百结",寓意源远流长。盘长纹样是十条线的盘曲连接,无头无尾、无终无止,故又称"盘长"或"盘肠"(图6-4)。其在民间应用极为广泛,大至建筑

图6-1 拉斯科洞窟壁画

图6-2 中国"卍"纹

图6-3 八吉图案

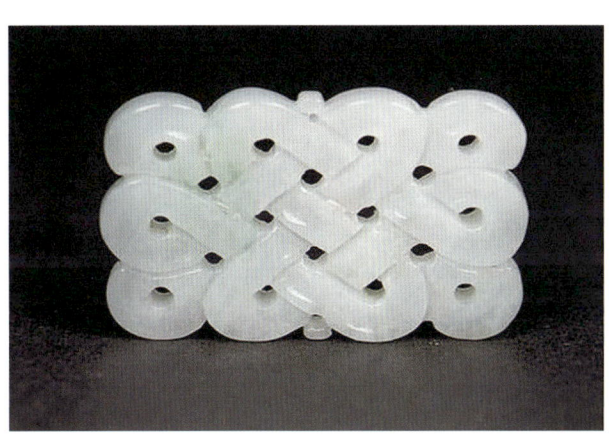

图6-4 玉盘肠

的窗格、桥头的八吉纹栏杆，小至衣着的纽扣、佩饰的须带，都做成盘曲连环的八吉样式，有的八吉将外廓线形变化成葫芦模样，有的与几何化了的篆文"寿"字组成花边。

西方传统图样一般是宗教神话纹样、动植物及人像纹样、战争题材纹样。西方几何纹样和装饰纹样由于注重对现实的模仿，并逐渐从中总结艺术规律和形式法则，形成了与中国设计艺术形式截然不同的样式。西方最早的美学定义来源于毕达哥拉斯学派，其认为世界的本原就是数，数的原则是一切事物的原则，认为美就是真，求真就是求美，寻求一种精确的数的美学。其装饰纹样的内容多半是体现西方人争强好胜的性格和对自然界勇于征服的探索精神，反映了西方社会对世界认知的渴望和强调个体独立的欲望，同时，由于宗教在西方社会中所占的统治和主流地位，导致了宗教装饰题材的大量表现与刻画。西方"人定胜天"的观点根深蒂固，从古希腊瓶画中可以看到一种对人体结构和形体的关注——专注于"人"，这是古希腊艺术和哲学的中心主题。如图6-5所示，瓶画中表现的是特洛伊战争的途中，英雄阿克琉斯与埃阿斯在玩骰子，这是一种对现实的模仿。人物是主体，且有很强的故事性，表现的主要是人们对真实生活的崇尚。古希腊人认为，只要模仿自然就能够控制自然，他们将这种情感以故事绘画的手法表现出来。如图6-6所示，瓶画中有几何纹样，但是大量绘制的仍然是人物纹样，运动、出行、战争、酒宴、狂欢等场景都是希腊瓶画表现的内容，有很强的故事性和戏剧效果。

产生这种差异的根源是中西方自然主义审美观的不同。

从上述的比较中可以看到，中国装饰纹样体现了中国艺术的含蓄性、书法式的抽象性，追求形神统一和完美意境的艺术效果。东方的宗教信仰是多神论型的，类似于图腾崇拜，主张的是出世逃避的消极思想和皇权统治，所以装饰纹样也体现了人们田园式的漫不经心。西方纹样强调的是西方艺术的直接表现，人体美学的粗犷性、宗教的神秘性。中国"天人合一"的传统思维方式使人们在审美对象的刻画中求神似不求形似，营造的是抽象和空灵的装饰，是一种模糊的意象思维方式。西方的宗教信仰是智慧型的，它与科学精神有着内在联系的一面，主张的是入世的积极、平等的思想，这就决定了人们看重的是现世的幸福和个人人格的独立。中西方设计中的装饰题材反映了东西方对自然界、宗教信仰、人生态度等问题的不同看法，可以说正是因为这种传统文化的反差，才会产生艺术形式上截然不同的表现。

图6-5　希腊瓶画　　　　图6-6　希腊瓶画中的纹样

第二节　中西方器物造型设计审美比较

中国传统的设计文化重视人的"中和适用"，着重设计的伦理道德和艺术，传统的设计文化兼容并蓄、融合统摄，讲究并存与一体性。中国古代器物的设计要求合乎天时、地气、材美、工巧多重的和谐。西方的设计文化重视设计物本身，很多设计也重视科学与宗教，不同时代会出现多种流派的独特精神。设计文化的不同反映在中西方器物造型观上，也就是中西方器物设计文化的差异，例如中西方古代陶器制作、酒器设计，从制作材料、制作工艺、形状以及功用方面也存在根本差异；传统饮器中的茶具与咖啡具，从造型设计到礼制、文化，反映了中西方的设计差异。

一、陶器造型观比较

陶器在中国不仅是一种使用器具，还用于祭祀，或超出一般使用功能，上升为一种文化象征。例如，尖底瓶（图6-7）原本是实用的汲水器和储水器，由于它重心下移，满水或无水都会倾覆，孔子赋予尖底瓶"谦受益、满招损"的文化含义，后来成为春秋时期君王的"宥坐之器"，置于庙堂之上。其反映了中国古代器物设计观念的抽象理性，不仅是实用器具，更是承载情感的文化载体。

西方陶器造型表现的主要是人们对真实生活的崇尚，在希腊陶器文化中，陶瓶不仅是艺术品，也是最实用的器皿。古希腊陶瓶在造型艺术和功用上具有较一致的多样性和实用性，有长颈瓶、阔口缸、大腹罐、双耳高脚杯、球状酒罐等多种造型样式，功能多用来存储葡萄酒和橄榄油。例如，储存橄榄油的陶瓶会使用广口造型，而葡萄酒会储存在窄口陶瓶中，另外还会有储存香油的细颈瓶等（图6-8）。

二、酒器造型观比较

中国酒器种类繁多，这不仅是因为社会生产力的发展，更是由于封建等级制度的需要，通过不同的酒器来代表不同的身份。酒器就和古代官服一样被分成三六九等，被打上了等级的标签。不同的人使用不同的酒器，酒器的存在完全是为了辨别和突出喝酒之人的身份。例如"加官晋爵"一词就充分说明了不同等级的人使用爵的数量是不同的，"爵"不仅是酒器更是身份象征（图6-9）。

而西方国家的酒器也有很多种，与中国不同的是，每一种酒器都有自己的功用，形状不一。只有使用正确的杯子，酒的特性才能被显露无遗。因为酒器的形状和酒类风味有很大的关联，不同形状的酒器容易使酒与舌头的接触面积不一样，且口中所含酒量也会受到影响，故酒的味道与酒器形状有关。这也是西方人选择不同形状和制作材料的酒器来盛不同的酒的缘故。比如喝酒的玻璃杯分工明确，每一种酒都有其固定的使用杯子，如鸡尾酒杯、白兰地酒杯、香槟浅碟杯、酸性酒杯、白葡萄酒杯等，透明的高脚杯在品酒的过程中扮演了重要角色，不仅使人能品其味，更做到帮助人们观其色、闻其香。功能是西方酒器设计的主要动因（图6-10）。

图6-7 尖底瓶

图6-8 古希腊陶瓶造型

三、饮具造型观比较

中国人爱喝茶，欧洲人爱喝咖啡，茶与咖啡这两种不同性质的饮料所形成的不同文化体现在中西方饮具设计上，具有明显不同。茶与咖啡里面都蕴含着不同民族的情怀，从茶与咖啡的特性和冲泡器具可以看出中西方设计美学观念的差异。

茶的功能体现在茶的精神属性上，可以说中国人饮茶是一种文化。饮茶思源、以茶会友是茶文化最广泛的社会功能。茶文化以德为中心，主张义重于利；注重协调人与人之间的相互关系；提倡对人尊敬，重视修身养德。参与茶文化，赏茶、品茶、体会茶艺，给人一种美的享受，有利于人的心态平衡，提高人的文化素质。这也是历代文人墨客、僧人把对茶的领悟作为一种人生境界标志的原因。

紫砂壶是中国传统的饮茶器具（图6-11）。从物质结构上来讲，紫砂壶具有双气孔的结构，具有双透气性，相对其他器具来说，茶叶在其中放置不易坏。在制作上，人们把紫砂壶的钮、流、柄设计成三点一线的均衡结构，以达到美观、实用的目的。好的紫砂壶不但材料及造型十分考究，还要在倾倒时出水流畅。一把好壶，其口盖的密封性要好，当倾倒时，茶壶的"断水"好，出水也就顺畅。从紫砂的精神内涵上看，饮茶、冲茶之道蕴含了人生的哲理和修养的境界，同时茶道与人品、茶品密不可分。文人爱紫砂还因为它符合中国人韬光养晦的精神。紫砂壶由泥壶的粗糙，经火的焙烧、水的浸泡、手的把玩和抚摸，使其表面由内而外地散发出玉般的光润。紫砂壶与普通茶具最大的区别在于它既是实用性很强的器物，又是修心养性、涤除玄鉴的艺术品。所以，紫砂壶的制造要高度符合物质和精神的双向和谐。

盖碗是另一个中国特色冲茶器具（图6-12）。由盖、船、碗三部分组成，有盖为天、船为地、碗为人的说法。碗的造型上大下小，因此在喝茶时拿着茶碗的边缘部分就不会烫手；盖可放入碗内，同时盖上的钮是倒过来的锥形，方便把握；当盖碗全身通热时，这两处不会烫手。茶船作为承托物，也有隔热、防止茶汤溅出的作用。盖碗的设计不仅体现了盖碗与手的和谐关系，还体现了中国人独有的天、地、人、茶一体的茶道精神。

图6-9　青铜"爵"

图6-10　不同酒杯盛不同酒

图6-11　紫砂壶

图6-12　盖碗

图6-13　咖啡具造型

西方也有茶壶的设计，但其装饰和造型与中国茶具的设计思路却大相径庭。西方的设计更注重人和"机"适用，设计中强调的是功能与装饰的协调统一，艺术价值、实用性、商业性并存；在设计理念上，重视形式与功能的关系。在克里斯多夫·德莱赛（Christopher Dresser）的著作《装饰设计原理》（1873年）中，他分析了各种容器的把手与壶口的形式及功能的法则，设计形式独特，把人机学和隐喻两个方面结合起来。西方人喝咖啡也有专用的器具，最早的咖啡是阿拉伯人将烘焙过的咖啡树种子制成的热饮，后来欧洲人把它翻译为coffee。咖啡可以帮助人们集中精神，早期咖啡只在特权阶层流传，今天咖啡成为欧洲的一种文化符号。从外形上，咖啡杯与中国茶具有明显的差别，不同的咖啡具设计具有不同的功能。由于文化背景的差异，西方设计师们考虑更多的是产品的形式和功能性，以及是否符合消费者的意愿等方面的要求。如图6-13所示，广口的咖啡具用来制作拉花咖啡，窄口的小咖啡具满足喜欢喝黑咖啡的消费者的需求，另外还有迎合快餐文化的可以打包带走的咖啡具。

中西方不同饮器设计表现出中西方文化观念的差异。中国茶具展现含蓄的东方文化，咖啡器具则显示了西方人对形式的创新。中国人在满足形式与功能美之外，更追求饮茶带来的修心养性的意境。西方人则更注重饮用咖啡时带来的感官上的感受。所以，茶具与咖啡具实际上是两种文化的对比，也是中西方设计观念不同的体现。

小结

中国古人在造物制器时，通过对天地万物的观察，用具体的形象、感知的意向、领悟的道象来进行创作，讲求"制器尚象"，表现含蓄的东方文化。西方人对器物设计上追求形式的创新、功能的满足，享受技术与艺术带来的感官上的冲击。设计理念的不同反映在中西器物造型观上，也就是中西方设计文化的差异。

第三节　中西方建筑园林设计审美比较

中西方民族在哲学观念、文化传统、审美心理、道德标准、价值观念等方面都存在着明显的差异，这种差异必然产生不同的建筑设计美学思想。建筑是人类遮风避雨的物质存在，也是人类传达精神、情感的艺术方式。无论是中国传统建筑还是西方古典建筑，都在长期的历史发展中形成了各自不同的美学特征。中西方不同建筑结构布局和装饰元素等的差异，反映了中西方建筑设计美学观念的差别。

中国的传统建筑，是采用建筑组群的布局和样式平铺的设计，装饰元素也有丰富的典故和吉祥寓意，所以体现出与西方建筑不一样的视觉效果，中国的建筑注重建筑和自然的关系，建筑与伦理秩序的关系；西方建筑则更注重遵循形与形之间的对称与均衡、对比与协调、变化与统一等客观艺术规律。

一、中西建筑布局及空间的设计审美比较

从建筑的空间布局来看,中国建筑是封闭的群体空间格局,在地面平面铺开。中国无论何种建筑,从住宅到宫殿,格局几乎一致,即类似于"四合院"模式。中国建筑的美又是一种"集体"的美。例如:北京明清宫殿、明十三陵、曲阜孔庙等,都是以重重院落相套而构成规模宏大的建筑群,各种建筑前后左右、有主有宾,合乎规律地排列着,体现了中国古代社会的宗法思想和礼教制度,其结构形态具有内向性特征。

以皇宫建筑为例,我国自周代就有"天子择中而处"的思想,所以皇宫常常建造在城的中心位置。按照"君子将营宫室,宗庙为先,厩库为次,居室为后"的传统,采用了"左祖右社""前朝后寝"的天子营国之制,体现了重视宗族制度、血缘延续的儒家设计理念,布局以中轴对称格局体现了"中正无邪,礼之质也"的儒家古训。中轴对称、方正严整的布局告诉世人"尊卑有序、上下有差"的君权至上法则,符合传统的儒家人伦礼制的精神。如图6-14所示,北京故宫博物院(简称故宫)严格按《周礼·考工记》中"前朝后市,左祖右社"的帝都营建原则建造。整个故宫在建筑布局上,用形体变化、高低起伏的手法,组合成一个整体;在功能上符合封建社会的等级制度,同时达到左右均衡和形体变化的艺术效果。故宫前部宫殿建筑造型宏伟壮丽,庭院明朗开阔,象征封建政权至高无上,震慑天下;后部内廷庭院深邃,建筑紧凑,相对排列,秩序井然。

早期法国哥特式建筑是西方建筑审美文化的典型代表,其设计向纵高发展,努力指向天空,代表了中世纪人们的祈愿。其设计及其平面布局和空间具有独特性:框架式结构,将中厅与走廊分开,加之许多布局和谐的圆柱,墙壁和柱身均饰有形象生动的石雕和石刻,显现出十分浓厚的文化意味,带有典型的西方建筑的美学特点(图6-15)。

作为以农为本的国家,中国人对土地的感情深厚,这种感情同样应用到建筑设计上。对自然的崇尚使中国建筑设计表现出贴地的、水平发展的"势"。以故宫和巴黎卢浮宫比较,前者是由数以千计的单个房屋组成的、气势恢宏的建筑群体,围绕轴线形成一系列院落,平面铺展异常庞大;后者则是"体量"的向上扩展和垂直叠加,由巨大而富有变化的形体,形成巍然耸立、雄伟壮观的整体。由于强调对神的崇拜,西方建筑样式大多以高耸为主,注重体现神的威严。建筑力图把人的目光引向高空,表现出崇高之美和对神的敬慕之情。这庄严雄伟的建筑物固然反映西方人崇拜神灵的狂热,但更多还是利用了先进的科学技术成就给人一种奋发向上的精神力量。这种中西方不同的情感表现在建筑设计的"势"上(图6-16)。

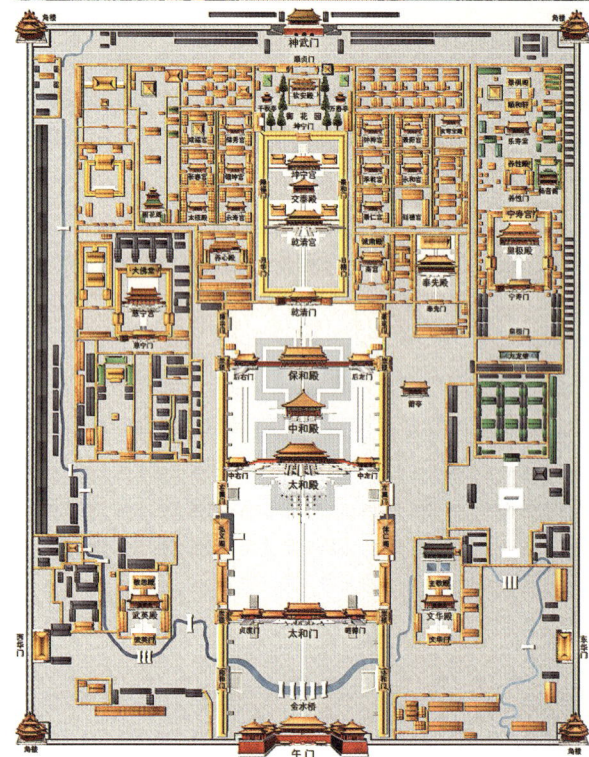

图6-14 北京故宫博物院及其平面示意图

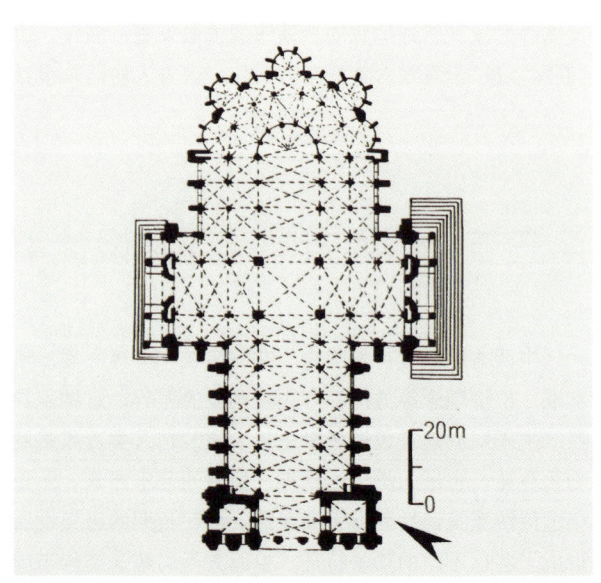

图6-15 法国哥特式建筑平面图

中国传统木构建筑的框架结构设计，使"窗"成为中国传统建筑中最重要的构成要素之一，也是建筑的审美中心。窗，按照结构分为板棂窗、格扇、隔断、支摘窗、遮羞窗等样式。窗子的传统构造也十分考究，窗棂上雕刻有线槽和各种花纹，种类繁多的优美图案蕴含着中国古代门窗丰富的文化内涵。其中最为典型的是象征吉祥的福（蝙蝠）、禄（梅花鹿）、寿（麒麟）、喜（喜鹊）、牡丹、兰花等传统吉祥雕刻图案。如图6-17所示花窗雕有松鹤，寓意长寿；而图6-18中的花窗以连续的铜钱式样雕成，俗称"辘轳钱"，寓意财源滚滚。有的还在花窗上贴有薄薄一层金箔以显示富贵。

传统的窗不仅是建筑的通风口，还是中国建筑设计中独有的与自然融合、内外相互借景的建筑构造物。如图6-19所示，窗子像一个画框，把室外的风景引入室内，与室内陈设融为一体。

在西方经典建筑中，色彩斑斓的镶嵌玻璃窗是其设计的重要元素，窗子几乎占满了整个墙面，这是因为阳光从彩色玻璃窗折射到室内，形成神秘感。石材与玻璃珠联璧合，这种材料的使用使建筑空间构成了一种平衡、和谐的气氛（图6-20）。

从以上分析中可以看出，中国传统建筑的出发点是以"人"为中心，体现出乐生、重生的现实理性精神和浪漫情怀；西方古代建筑的出发点则重以"神"为中心，表现出对上帝、来世的向往，所以中西方建筑设计表象才会有如此巨大的差异。

二、中西代表性园林的设计审美比较

中国古代建筑重视建筑、人、环境三者的和谐统一，园林是中国建筑与自然和谐关系的体现。所以中国建筑设计要求既要适合人居住，又要与其周围的环境相协调，还要富于自然情趣。古典园

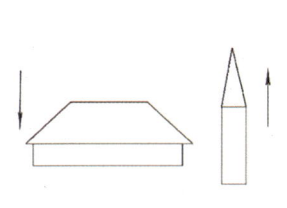  

图6-16　建筑"势"意图　　图6-17　松鹤延年花窗　　　　图6-18　辘轳钱花窗

图6-19　中国传统花窗设计

林设计就是这种设计原则的典型体现,中国园林设计讲究因地制宜,依形就势,叠石为山,引水为池,种花植木,修桥建亭,将大自然的美景营造在自己的居住环境中。可以说,中国园林富于诗情画意,具有山水画般的风采,使置身其中的人深深感到与自然的亲近与融合(图6-21)。中国园林追求诗的意蕴,体现画的境界,处处表现出中国传统艺术的综合成就。

中国园林中的诗文、楹联、题刻等拓宽了园林的意境,使人们产生了无尽的遐想,这种综合设计形式强调主客体之间的情感契合点,即"畅神"。

文人、画家的介入使中国造园深受绘画、诗词和文学的影响,而诗和画都十分注重对意境的追求,所以中国造园从一开始就带有浓厚的感情色彩。其既不求轴线对称,也没有任何规则可循,相反却是环山抱水,曲折蜿蜒,不仅花草树木任自然之原貌,人工建筑也尽量顺应自然而参差错落,力求与自然融合。其并非简单地再现或模仿自然,而是在深切领悟自然美的基础上加以萃取、抽象、概括、典型化,许多景观有意识的藏而不露,"曲径通幽处,禅房花木深""山重水复疑无路,柳暗花明又一村""峰回路转,有亭翼然临于泉上",这都是极富诗意的造园境界。中国园林以自然景观为主,追求自然山水的"意境",充满了随机性和偶然性,布局千变万化,整体和局部之间没有严格的从属关系。造园中运用以少胜多、以小胜大等造园构景手法,加之中国园林所特别具有的借景、透景、漏景、补景……将自然再现于园林中但又赋予其高于自然的意趣。

相比之下,西方建筑重视人对自然的再造,强调人对自然的控制,如讲究人工修饰、几何图式的布局、对称的轴线、整齐的树木排列。西方古典园林中的园林建筑取法于西方古典建筑,所追求的是一种内部空间的构成美和外部形体的雕塑美,从而形成一整套立面构图的美学原则。西方古典园林讲究几何数学原则,以规则式为主流,其特点是中轴对称、整齐划一,其造园艺术的基本信条

图6-20 西方经典建筑中的彩色玻璃窗

图6-21 诗情画意的苏州园林

是"强迫自然接受匀称的法则",以"完整、和谐、鲜明"为特征,讲求秩序、序列分明。黑格尔曾说:"最彻底地运用建筑原则于园林艺术的是法国的园子,它们照例接近高大的宫殿,树木是栽成有规律的行列,形成林荫大道,修剪得很整齐,围墙也是用修剪整齐的篱笆造成的。"法国古典园林注重主从关系,强调中轴对称式的布局,主要建筑位于中轴线上,控制全园。园林具有雄伟、端庄的大尺度几何式平面,花坛成为重要的构成要素,常用的有刺绣花坛、组合花坛;喷泉往往与雕塑相结合,布置于节点上,大量运用雕塑,多取材于神话传说中的人物。植物种植上,广泛采用丰富的阔叶乔木,有明显的季相变化(图6-22)。在园林布局上,西方古典园林无论在情趣上还是构图上和古典建筑所遵循的都是同一个原则。园林设计把建筑设计的手法、原则从室内搬到室外,二者除组合要素不同外,并没有很大的差别。

小结

中国造园的设计美学思想是自然拟人化,比如堆山的造景手法。造园必得有山,山可以是天然的,也可以是人工的。但小的园林之中不可能堆成大的土山,常有叠石,或者通俗说的"石头假山",但效果是大致一样的,都是为了造成空间上的分隔和视线上的阻断,以避免"一览无余"的视觉感受。在园林建筑中,"造山不宜过小,叠石不宜过大",造山和叠石都以"天然"为原则,忌讳几何和规则,从而避免落下"人为"的痕迹。中国人对"景"的理解除了对自然的体验外,更多地关注人们心中的自然,即人的意念在客观事物上的"观照"和再融合。喷泉和雕塑是西方园林的重要元素(图6-23),在西方人眼里象征理智的大地和象征非理智的水是矛盾和冲突的,所以17世纪法国人在园林的设计中,科学地采用规整的池子来限制水,以象征用理性对非理性的制约,同时又用喷泉与雕塑表达着他们感性的想象与冲动。

从造型手法上看,西方造园主要立足于用人工方法改变其自然状态。中国园林则通过巧妙设置的山水树木、亭台楼阁,显示与自然统一的意境。

从园林的艺术元素上看,中国园林讲究"造境",按照人的情感把自然元素重新组合。西方古

图6-22 西方园林设计

图6-23 西方园林中的喷泉与雕塑

典园林的建造，建立在"唯理"的基础上，强调几何美。园林设计的元素是以宗教故事的情节逻辑为主线，在个体的塑造上则遵守比例协调、造型准确等艺术规则。

从思想根源上看，中国古典园林艺术反映了中国儒家、道家、禅宗等传统思想，融合了如山水画、书法、建筑、雕塑、植物学等学科共有的艺术精神，并把美学建立在"意境"的基础上，强调胸怀的自然呈现。西方古典园林设计则注重科学的理性逻辑，在设计上更注重情节、逻辑和神话故事的完整性，以及西方艺术家赋予艺术的规范。

第四节 中西方色彩设计审美比较

中西方设计美学观念的不同也体现在各自不同的色彩观上。西方建筑对于色彩的象征性意味运用得淋漓尽致，比如建筑大量使用乳白色的石块，表达其文化中纯洁、高雅、理想的信仰象征。在中国文化中，黄、白、红、蓝的着装色代表着不同等级，凸显了中国"礼"的符号象征。近代西方的色彩观，追求再现的视觉经验特点和技术系统；而中国的色彩观，则饱含了人文伦理的色彩表征符号意义和美学特征，生成了人类文明中独一无二的色彩文化。所以中西方由于哲学、文化的不同，其色彩观念也有根本的不同。

一、中国传统色彩观念

"色彩"即颜色。但是古代中国"颜色"一词的意义与今天的并不完全相同，最初只指面色。如《楚辞·渔父》里有"颜色憔悴"，《说文解字》里说："颜，眉之间也；色，颜气也。"段玉裁的注解是："凡羞愧喜忧谓之颜色"，因为"心达于气，气达于眉间"，可见最初"颜色"指的是面色，而非万物之色彩。到了唐朝，"颜色"才有了指自然界色彩的含义。比如唐朝诗人杜甫在诗作《花底》中写道："深知好颜色，莫作委泥沙。"成语"五颜六色"也反映了"颜色"的这种意思。

（1）"五色"与"五行"。约公元前五千年左右的黄帝时期，选择单色崇拜。黄帝之后，历经商、汤、周、秦，帝王们根据"阴阳五行"学说（五行的顺序为水、火、木、金、土，分别对应黑、赤、青、白、黄），选择色彩象征。因为中国古人认为五行是产生自然万物本源的五种元素，一切事物的来源都是如此，色彩也不例外。"五色"一词最早在战国时期被提出。《周礼·考工记》中有这样一段文字，说明五色的内容："画缋之事，杂五色。东方谓之青，南方谓之赤，西方谓之白，北方谓之黑，天谓之玄，地谓之黄"。在"自生其明"而"首先黑白"之殊的基础上，渐渐以色彩与天道自然运动的五行法则建立关系，还根据春夏秋冬自然万象之变而据五行说选择服饰、食物、车马、住所，从而形成了五色学说。古人为蓝、红、黄、白、黑（青、赤、黄、白、黑）五种颜色赋予了丰富的文化内涵，古代五行论认为世界由火、土、金、木、水这五种原初物质组成，五色对应五个方位，"金西白、木东青、水北黑、火南红、土中黄"，各自代表相应的方位和色彩。

这一配色理念和审美观念体现了中国传统色彩理论特定的象征意义，并且每个色相各对应了天地东西南北，象征东方为青色，象征南方为赤色，象征西方为白色，象征北方为黑色，象征天为玄色，象征地为黄色。我们传统的中医认为五脏和五行、五色相对应，并与春夏秋冬四季更替相联系。有一整套的五色养生理论（图6-24）。比如脾胃经归土，黄色属土，故黄色食物（如小米等）养脾；而秋天主白色，属金，白色食物（如银耳等）润肺。

"色"上升到了哲学层面，赋予"五色"以"五行"之宇宙起源论与道德论的含义。汉代之前就有了颜色区分，并且是先以礼制或阶级进行使用的，其次才是根据审美观进行选择的，到了唐代，建筑有了统一的规划，建筑归"礼部"管，有了等级制度的划分。唐朝时期的建筑，一律采用朱红与白色的组合，产生了鲜艳悦目、简洁明快的色彩美。古建筑中的门和柱子，通常使用红和黑两种颜色：从五色审美的角度推断，柱子和门窗是由木材所制，因为"木生火"，火对应的色彩就是红色，所以很多古建筑的柱子、门窗都是红色（图6-25）。当然，也有很多柱子是黑色的，因为"水生木"，古人认为水属黑色。还有宫殿里一般藏书的地方，比如藏书楼、藏书阁，屋顶上的瓦片都是黑色的，因为藏书的地方最怕火，"水比黑"都放屋顶上了，火自然就没了。

明清时期建筑等级森严，除皇家建筑与敕建寺庙外，一般建筑不能使用朱红的柱子，老百姓根本不能使用红色的柱子。一般老百姓只能使用黑色，同时黑色属水，这里也有利财、防火的寓意。如图6-26所示，国子监的大门与柱子都是"属水"的黑色。

天坛祈年殿（图6-27）的色彩象征兼顾皇家建筑与

图6-24 中国传统五行与五色图

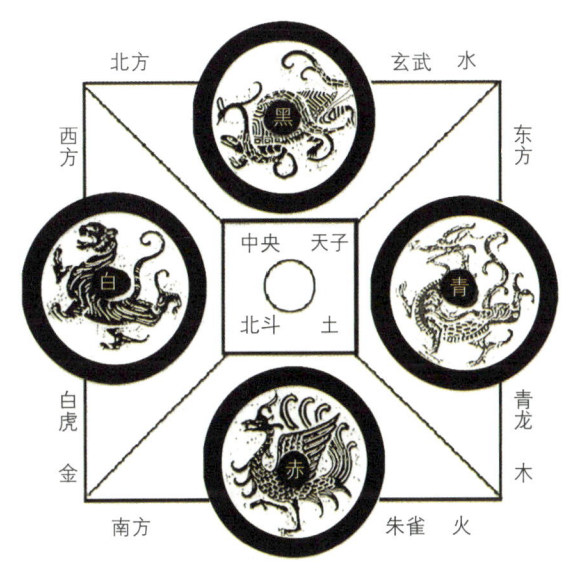

图6-25 故宫的红门金钉

图6-26 国子监大门（黑色）

祭祀的主旨，在明嘉靖二十四年（1545年）改扩建时，三层屋檐由上至下分别覆盖蓝色、黄色和绿色琉璃瓦。而到了乾隆十七年（1752年），祈年殿的三层檐统一为蓝色琉璃瓦，其建筑色彩的象征意义更加单一、明确。祈年的主旨是祈求农事丰年，以青绿（蓝）色来突出植物的生机勃发与天时的风调雨顺。

（2）传统哲学观念的色彩观。儒家色彩美学思想把色彩美与"仁""德""善"等道德规范联系起来。从"礼"的规范出发，最终实现"仁"的目的，极力维护周时建立的色彩典章制度。儒家认为色彩之美在于其装饰暗示了人的美德，这种类比思维方式对中国色彩观念的影响非常大。如我国戏剧脸谱中的色彩（图6-28），不同色彩寓意不同人物的性格特征和品德。红色表示忠勇，黄色表示刚猛，黑色表示刚直不阿，白色表示奸诈阴险。这种把色彩与人的道德伦理联系起来的色彩观是中国独有的现象。

道家在色彩上追求自然、平淡的朴素之美。道家主张淡泊无为的思想，道家认为五色生于无色，五色与无色（黑白）相生、相和，所以阴阳高于万物，黑白高于五色。道家选择黑色和白色为道的象征色彩，认为黑白是高居于其他一切色之上的色，有无相生。道家对黑白的使用集中体现了中国的人文思想，奠定了黑白在中国绘画用色中的重要地位。道家的这种"有无相生""黑白相生"的观念对文人绘画产生了极为深远的影响。单从色彩上来分析，可以看出中国在色彩上对黑白的钟爱。太极图俗称阴阳鱼，从视觉上，太极图形展现了一种互相转化、相对统一的形式美。从学理上讲，阴阳鱼太极图还正确地表达了

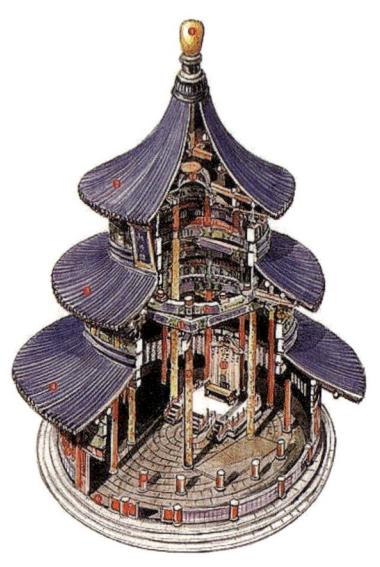

图6-27　天坛祈年殿

图6-28　戏剧脸谱色彩

  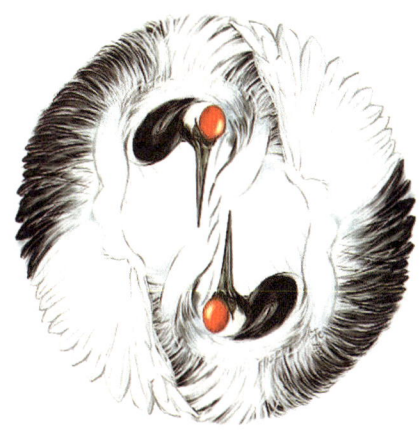

图6-29　太极图与中国传统图案形式

太极与阴阳、八卦的关系。太极图中的"S"线将太极图清晰地分为阴阳两个部分，表明任何事物的内部都有一个太极结构模式。太极图的整体结构均衡对称，阴阳两侧的运动始终是均衡的、平衡的、稳固的。同时，阴阳又是相对独立的体系，而这在哲学上，表现为一与多的关系。许多中国的传统图案也采用这种一正一反的组合形式（图6-29）。

佛教传入我国的同时也带来了佛教色彩观，与中国"五色"体系交流融合，创造了中国古代壁画的辉煌，从克孜尔千佛洞到敦煌莫高窟，无处不体现着中西绘画色彩观交织融合的精神内涵。宗教建筑中以古塔的色彩象征最为典型，比如北京的北海白塔、妙应寺白塔、辽阳白塔、扬州莲性寺白塔等，塔体洁白，意在暗示佛性洁净无瑕，而且白莲也常作为佛性的象征。此外，琉璃塔五色斑斓，其象征意义与佛经记载的佛国五色宝珠暗合。

（3）中国传统的色彩观的特征。中国的色彩观与中国的儒、道、释哲学有直接联系，所以色彩的内涵比较丰富，具有极强的象征性和伦理特征。色彩与工艺，色彩与美术，色彩与诗歌，色彩与风俗等密不可分。中国传统社会在城市建设、壁画和绘画方面，对于色彩的运用也与哲学观念紧密联系。中国的色彩是抽象的总结，不是对客观现实的描摹，因此色彩的选用并不是模仿自然，而是一种意蕴的表现，尤其是水墨画中黑与白的使用更是如此。中国传统色彩更注重抽象的含义，色彩往往带有象征含义，所以不能以是否符合客观对象作为评价色彩的标准。

二、西方设计的色彩观

早在公元前5世纪，古希腊伟大的建筑家们为了凸显蓝色大海与建筑的对比，采用了浓重艳丽的色彩，比如赤褐色、橘红色、蓝色、绿色、金色等，这是为了补偿地中海强烈的对于色彩的漂白作用，使得中世纪开始，罗马人创造的镶嵌画艺术采用了丰富的色彩工艺，每种色彩都要经过斟酌和选择，每个色域都由无数色点构成（图6-30）。随后，罗马式建筑和早期哥特式建筑的艺术家们在进行壁画创作时，对于色彩的象征性意味运用得淋漓尽致，进而创造出清晰明朗的色调。西方建筑广泛使用乳白色的石块，也离不开文化意味，许多来自古希腊、古罗马，甚至文艺复兴时期的石像，如维纳斯像和大卫像都是用乳白色的大理石为雕塑材料，因为白色石块象征着理想、洁白以及信仰。直到文艺复兴之前，西方对于色彩也和中国传统色彩一样，不强调科学维度的理解。14—16世纪，伴随着物理学的兴起，西方社会才开始对色彩进行科学解读，逐步搭建起以光学为基础的色彩理论。对比图6-31所示中国画《听琴图》中出现的服饰色彩，着装色代表着不同等级，"宋因唐制，三品以上服紫，五品以上服朱，七品以上服绿，九品以上服青"，凸显了中国"礼"的符号象征，可以看出中西方色彩观在服饰上表现的差异性。

在经历了欧洲人称为"黑色时期"的中世纪后，西方人的色彩感觉又进入一个更明显的自觉程度。从文艺复兴到19世纪初，西方色彩画家以色彩明暗对比为主，在充分表现物象的色彩稳定性的同时，精化了他们的内在色彩感觉机能，从而使西方人对色彩的认识又向前迈进一步。

1666年，英国科学家艾萨克·牛顿（Lsaac Newton）把太阳光经过三棱镜折射，然后投射到白色屏幕上，显出一条像彩虹一样美丽的色光带谱，分别是赤、橙、黄、绿、青、蓝、紫七色，这就是著名的牛顿色相环。牛顿色相环奠定了西方色彩理论基础，并在此基础上发展成10色相环、12色相环、24色相环、100色相环等。"色立体"是借助三维空间来表示色相、纯度、明度的概念的。美国的色彩学家阿尔伯特·孟塞尔（Albert H. Munsell）在1915年就出版过《孟塞尔颜色图谱》，1929年和1943年又分别经美国国家标准局和美国光学会修订出版《孟塞尔颜色图册》（图6-32）。

1921年，德国化学家威廉·奥斯特瓦尔德（Friedrich Wilhelm Ostwald）创建奥斯特瓦尔德色立体，后被称为"奥氏色立体"（图6-33）。"奥斯特瓦尔德色立体"的垂直轴为明度系列，共分为8个阶段，从顶端的白到底部的黑，分别以字母a、c、e、g、i、l、n、p表示，每个字母均表示一定的含白量和含黑量，a含白量最高，含黑量最低；P含黑量最高，含白量最低。这些研究建立在严格的科学依据上，直至今天，色环仍作为调色的依据广泛使用。

牛顿的《光学七色体系》、约翰·沃尔夫冈·冯·歌德（Johann Wolfgang Von Goethe）的《色彩论》等这些色彩的科学理论帮助西方人打开了一个过去色彩感觉未知的新领域。20世纪中叶，瑞士色彩学大师约翰内斯·伊顿继承了德国诗人歌德、画家菲利普·奥托·龙格（Philipp Otto Runge）、美术史家贝措尔德（Betsold）、法国化学家谢弗勒尔（Michel Eugène Chevreul）等人的色彩思想，将其发展成为系统的色彩美学体系。特别是瑞士艺术教育家约翰内斯·伊顿（Jogannes Ltten），被誉为当代色彩艺术领域中最伟大的教师之一，他最大的成就在于开设了现代色彩学的课程，他对色彩领悟得很透彻（图6-34）。

无论西方色彩理论如何发展，其色彩观与中国传统色

图6-30　罗马镶嵌画

图6-31　《听琴图》局部

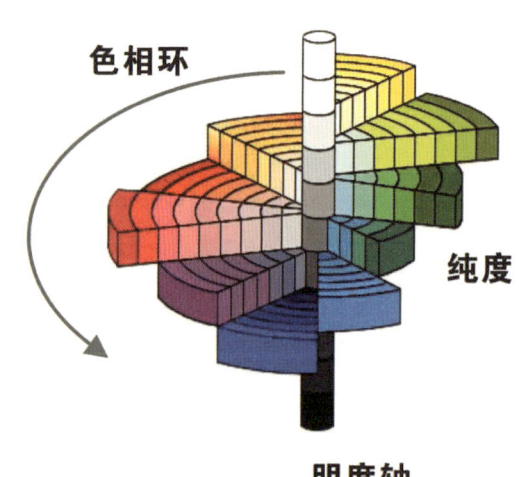

图6-32　孟赛尔色立体

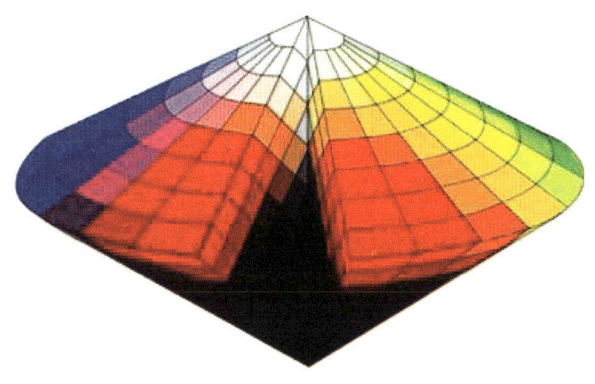

图6-33 奥氏色立体

彩观有着根本的不同。由此可以看出，西方的色彩是把色彩拆分、重组，并利用视错觉创造视觉形象，制造真实的假象，在二维空间中表现色彩的空间。

纵观古代中外色彩观的发展历史可以发现，中国色彩观，尤其是经过两千多年的"五色观"色彩理论，不仅支配了我们艺术风格的形成，还广泛影响着当时人们的日常生活、宗教、礼仪等诸多方面，沿着一条由感知理念象征的道路向前发展。西方的色彩观则经历了感知、模仿、认识、再现、象征的过程，其探索、模仿自然色彩的真实，并与科学的分析结合起来。

图6-34 伊顿色彩研究

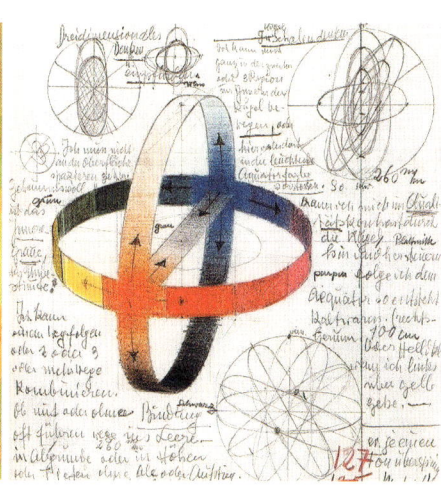

结语

从中国设计美学中的审美倾向和价值观的不同，可以看出中国设计的视角和出发点的独特性，这更加验证了中国设计美学的重要价值。中国人重视整体的和谐，西方人重视分析的差异。中国哲学讲究事物的对立统一，强调人与自然、人与人之间和谐的关系。而西方哲学主张客观世界的独立性、主客观分离，并不主张所有事物相辅相成；中西方对待自然也有着不同的态度，从本体的整体意识出发，中国人把自然看成是有生命的运动的整体，人可以与之沟通，强调天地万物与人同体，这叫机体哲学，也叫生命哲学，把宇宙看成是变化无穷、生生不息的。西方的自然主义是把自然看成一个机械的工具加以运用，意义的来源是一个超越的主体，即上帝，这与西方的神学是相辅相成的。

中国设计中关注精神内涵的特点，说明中国设计并不只在于外在的表现形式，更重要的是其丰富的精神内涵，中国设计的独特审美取向丰富了世界造型艺术观。发展中国设计应该沿着中国设计美学的独特思路延伸下去，如此才能真正繁荣中国设计。

本章思政与思考题

1. 简单阐述中国五行和五色的关系。
2. 请列举几个含有吉祥寓意的中国传统纹样，并结合当下世界格局谈一谈你对"吉祥"的看法。
3. 请列举你印象深刻的西方典型的纹样。
4. 中西方园林设计观的差异表现在哪些方面？
5. 你对西方酒杯文化有哪些了解？

第七章　设计美学的当下现实与未来展望

拓展视频

本章概述

本章简要分析了设计美学的当下现实与未来趋势，现代设计美学是多元与包容的，注重民族化与地域化的设计审美趋势，尊重和满足人的心理需求和精神追求。虚拟设计、信息设计，AI智能、绿色科技、互动场景等设计趋势，使设计美学更注重人的情感，更注重现场体验感，全新的设计美学时代即将到来。

学习目标

通过本章学习，使学生了解设计美学的多元与包容，理解设计美学的发展趋势，并学会分析在未来设计发展中设计美学的表现。

第一节　设计美学的多元与包容

由于人们的生活阅历、文化水平、经济条件、个性气质不同，对设计品的选择也呈现出多元化倾向，所以设计美学从一产生就具有多元性的特点；每个人的家庭出身、生活环境、文化水平、经济状况与生理特征千差万别，个体与个体的心理结构存在着明显差异。个性心理的趋向是阶段性的、流动的，所以个人心理结构是多元性的，这决定了人们对设计的理解和要求也是多元的。

设计美学的多元特点也决定了它的包容性。设计美学的包容性更多是强调个性，也就是说设计美学对具有强烈个性的、独创性的设计更包容。而所谓设计的"民族性""地域"正是设计最鲜明的"个性"。正所谓"越是民族的就越是世界的"，真正的设计民族化意味着一个国家设计风格的成熟和成功，因为一个国家经济发展到一定程度，文化作为国家发展的软实力就会受到重视，就是通常所说的"强势经济带来强势文化"。发展具有民族特色的设计成为设计师们需要考虑的重要问题。

一、设计美学的传统性和地域性

1. 设计美学的传统性

不同的时代，会有不尽相同的物质和精神，作为融物质和精神于一炉的设计，自然而然具有时代特征、时代风貌。时代的物质生产、生活方式、观念形态、精神信仰、审美理想等会深深地印在设计物中。不同时代的科技水平、物质财富制约着设计的表层结构。设计美学的传统性建立在设计发展历史悠久的基础上，环境、地理、气候、物产等因素是产生传统特色设计的主要原因，加之语言习俗、民风、民情的差异，形成了独具特色的美学取向。

我国传统设计的特色十分鲜明，正是传统造物思想精髓的体现，其实也是现代设计的灵感源泉，比如"重己役物、致用利人""审曲面势，各随所宜""巧法造化、技以载道""文质彬彬"等，都是现代设计取之不尽，用之不竭的设计思想宝藏。中国传统设计讲究"制器尚象"，"观物取象"进行设计不仅要符合所观之象的特征，更要表现其精神内核，也就是合意、合德、合情。如图7-1所示古代战车设计，车身方形，顶盖圆形，讲求天圆地方的外在的"象"，同时战车设计追求传统文化的精神内涵——就是古人认为设计物和天地间的能量变化有着密切的关系，所以在设计车毂及辐条时都会注意这种对应关系。比如车轮的辐条有多有少，一般为三十六根，对应三十六周天，《老子》曰："三十辐，共一毂。"这些都表现了中国传统设计造物中特有的东方思维。

宗白华说："'以制器者尚其象'，象即中国形而上之道也。"在中国民间艺术中，某种形象的特定组合、寓意表达及应用都是世代传承下来的，在设计中采用这些传统约定俗成的象征形象和典故，更能引起当代消费者的情感共鸣。对于中国传统吉祥图案，依据图案的内容和形象分为动物纹、祥禽瑞兽纹、植物纹、器物纹、几何纹、人物纹等。所谓"纹必有意，意必吉祥"，吉祥寓意是传统纹样的一种特有的装饰形式，具有传统民俗特点。如现代室内装饰设计中，依然会看到很多的蝴蝶纹样，作为吉祥物以表现美景。在一些门廊或玄关，会运用"鱼"作为装饰纹样，"鱼"通"余"，寓意年年有余。另外，如松鹤图案代表长寿；"鸡"通"吉"，代表"大吉大利"，有富足、吉祥、安乐的美好含义（图7-2）。

不同的历史时期，不同的文化背景，人们的审美标准不尽相同，其中设计的传统性是值得研究的课题。

近年来，我国设计飞速发展，对优秀传统文化的挖掘成为一种趋势，包含"中国元素""中国特色"的设计案例越来越多，而且也成功得到国际社会的认可。当代设计还要与现代科学技术相结合，体现现代科学技术发展的水平，才能在国际竞争中立于不败之地。因此，对优秀传统的继承和弘扬与现代化并不对立，也是现代化的标志。近年来，我国传统文化思潮受到外来商业文化的强烈冲击。在这种形势下，中国设计只有真正融入传统文化，将题材广泛、寓意丰富的传统纹样运用到现代设计中，形成具有中国传统韵味的设计风格，才能走出一条富

图7-1　中国古代战车及复原示意图

图7-2　中国传统吉祥图案

有民族特色、地域特色，适应现代发展潮流趋势的设计之路。

中国传统纹样在现代设计中形式的提取与再造，并非是对原有纹样的直接表现，而是对传统纹样进行变化重组，再进行实际运用。以中国传统文化为主体，在此基础上突破传统的束缚和限制，赋予现代设计传统的意蕴表现和创新应用。如图7-3所示，将中国民间剪纸元素运用在现代服装设计中，融入了一种民族精神，既传统又现代。

传统文化有其独特的内部结构系统，它包含着价值观念、思维模式、情感模式和行为模式。它的各个因素在功能上互相耦合，而且有一种自我调节的稳定机制，因此"传统"具有很强的惰性，如果没有足够有力的冲击，它能经得起各种变动而恢复到它的稳定点上，保持它的基本特性，所以在设计中，不但要继承传统，更要有所发展。传统材料在新技术中发挥性能，延展使用范围，是现代设计思考的重要方向。如贝聿铭先生的苏州博物馆设计（图7-4），建筑风格采取现代主义简洁的直线造型，彰显的却是古典园林精神。现代材料用灰色的花岗岩取代传统小青瓦坡顶和窗框，白色粉墙把该建筑与苏州传统的城市肌理融合在一起，以追求更好的统一色彩和纹理。设计手法是在现代空间环境设计中融入属性极强的饰品或符号，又借助传统的营造手法、特殊的空间处理方式及传承人文的精神内在。它运用传统、地方设计的典型符号来强调民族传统、地方传统和民俗风格，设计手法更加讲究符号性和象征性，成为设计典范。

民族文化内涵在当下具有鲜活的生命力，具有民族文化内涵的设计作品有鲜明的艺术个性。不同的民族、不同的地域有着各自不同的生活方式和文化背景，经过长期的历史发展，逐渐形成风格多样的传统艺术形式，这种体现本民族风格习惯的艺术形式与情感取向就蕴含本民族的文化内涵，而正是这种情感心理所衍生出的审美情趣决定了一个设计作品的个性与生命力。

中国当代设计的发展期待民族设计的兴起。我国目前设计美学的民族化有两个背景：一是工业生产的兴起和发展；二是西方现代主义的传入和设计教育的建立。当前的中国是一个制造大国，"中国制造"不能体现中国的民族特色，必须发展民族设计。所谓民族设计不是民族符号元素的视觉堆积，不是简单的拼凑中国传统符号，而是体现在民族性中的民族精神，民族精神与现代设计再融合，需要设计师自己创新与总结才能完成。

2. 设计美学的地域性

所谓地域性是指设计上吸收本地的民俗风格，以及本区域历史所遗留的文化痕迹。地域性在某种程度上比民族性更具狭隘性或专属性，并具有极强的可识别性。鲁迅说："艺术上也必须有地方色彩，庶不至于千篇一律。"地方色彩也可理解为地域风格，其形成条件比较复杂，是自然因素、经济因素、政治因素、人文因素等综合的结果。由于许多极具地域性的民俗文化及艺术品均是在与世隔绝的状态中发展演变而来的，虽然在以往交流和互通下有其同化和异化，但程度也是有限的，因而其可识别性是非常明确的，如明代造园名家计成生活的苏州、常州、镇江、扬州等地，其既是鱼米之乡又是人文荟萃之地，不仅富庶，还有着深厚的文化底蕴，也使造园艺术大规模兴起成为可能，计成的造园艺术明显打上了江苏地域色彩的烙印。另一方面，同一地区不同时代所形成的文化和民俗文物也有所不同，这是由于时间段所造成的。比如江南家具设计，明代和清代由于时代审美不同等原因，其在设计上差别很大，如图7-5所示的明代家具，其简洁沉静、儒雅含蓄，强调用线造型，不做过多雕饰；而清代家具雕刻繁杂，装饰繁缛，正是时代审美与文化的不同。

设计美学的地域性的形成离不开三个主要因素：本土

图7-3 中国民间剪纸元素运用在服装设计中

图7-4 苏州博物馆设计

的地域环境、自然条件、季节气候；历史遗风、先辈祖训及生活方式；民俗礼仪、本土文化、风土人情、当地用材等。正由于上述因素，才构架出地域性的独特风貌。在现代设计中，体现地方主义特色的设计作品案例很多，例如日本现代建筑中，丹下健三（Tange Kenzo）的广岛原子弹受害者纪念公园、香川会所的设计，都广泛吸收了日本当地的民族民俗建筑特征，比较早地体现出地方主义发展趋势。以后一系列日本当代建筑家的作品，都有类似的探索趋向。

优秀传统文化滋养不同的设计风格。同时制约着地域性设计，从而形成多元美学的设计作品。

通过阅读和分析国外优秀的设计艺术作品，不难发现，其中一些优秀作品之所以成功，往往与其恰到好处地运用本民族文化元素有着密切关系。优秀作品既能体现出当代社会对设计的影响，又能折射出各民族、各地区不同的历史文化特征和审美取向，显示传统文化与现代艺术经济社会紧密结合的艺术魅力。

设计美学的特点是多元的，这种多元性表现为对强烈"民族性"和"地域性"的设计更包容。下面通过对日本和北欧的设计美学个性的分析，我们可以体会到设计审美的多元与包容，特别是对一个国家设计发展的重要意义。

二、日本设计美学的民族性

1961年起，日本工业进入发展阶段，工业设计水平飞速提高，由最初对欧美设计的模仿逐渐走向特色、创新的道路，从而迅速发展成为世界领先的设计大国之一。日本的设计延续和发扬其民族传统，产品偏爱自然材料的使用，以石材、木材表现清新、静穆的视觉感受。设计美学上崇尚素朴、静虚、空灵的境界，及东方式的抽象。日本传统的图案、包装、材料运用和绘画表现方法是日本设计师灵感的源泉，也是他们发展本民族设计风格的基础。其崇尚单纯简洁的艺术气质，没有欧洲洛可可式的烦琐和纤巧，色彩多为淡雅、清寂的，没有浓烈的对比色，具有一种原始的生命力。

日本的包装设计在追求时代的鲜活性与现代的时尚风格的同时，也努力发扬本民族的传统文化与风格。在将日本包装分为和式与洋式的同时，也有"和洋一体"式的现代与传统的结合。这对于加深人们对于产品的认同感起着极大的作用。在日本包装中，善于和本国的文化相结合，其文字色彩和造型极具东方风格，将日本文化、禅意与商业广告学进行了完美融合。其图形和色彩主要围绕传统的审美和民族文化，材料的选择则从自然入手，通过现代的工艺使之变得实用美观，形成有明显日本特色的包装形象（图7-6）。

古代中国所发明的"纸"通过高丽传到日本后，以日本独特的原料和制作方法产生了具有日本文化特色的纸张——和纸。和纸，经历了一千多年的漫长历史，已在衣食住行、冠婚葬祭等许多方面融入日本人的生活中。"和纸"艺术改变了"纸是平面的"这一概念，将纤维作为素材，从抄纸阶段就开始进行创作。通过折叠、上色、撕破、拼贴、摹拓等手法，又与布、皮革、金属等素材组合，与本民族的传统美学结合，运用在设计的各个领域。如色彩美丽的染色纸、花纹纸、草花纸、皱纸、纸捻工艺品等，及团扇、灯笼、宫灯、唐伞、隔扇、拉门、屏风等日用品领域。室内装饰及包装，结实的"和纸"还能用于室内装饰及包装，其"清寂、淡雅"的美学品格，塑造出了独具东方美学风格的设计作品（图7-7）。

日本"无印良品"的设计总监原研哉先生这样说："相较于十年前，现在已毋庸置疑地进入了高科技电子时代，在手机、电子书的快速发展之下，我们常常看见关于'传统纸张即将遭到淘汰'的讨论。但我认为这是根本不能相互比较的东西。纸是不可能被取代、被淘汰的。纸不只是印刷的载体，它有它更本质、更原初的意义在。""以日本而言，自古传统的住宅房舍，是由木头与纸建构而成的。日本的屋舍空间常以一道道'和纸'木门间隔，既可透光，又可遮蔽；但是纸又相当脆弱，一不小心碰撞到就会破损。在这样的空间中居住，培养出日本人小心谨慎的民族性，这与纸有很大的关联。一个国家、一个民族使用纸的方式、面对纸的态度，很有可能就此决定其性格。"可以看出，日本设计师对自己本民族传统文化理解的深入性。

图7-5 明代家具（左）与清代家具（右）

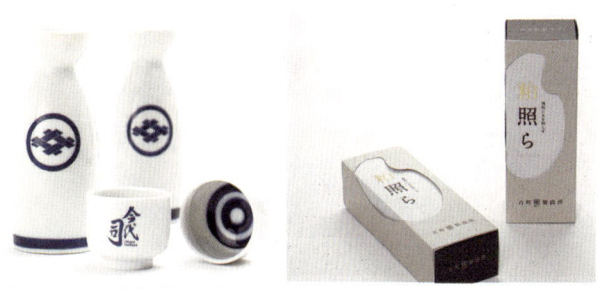

图7-6 日本包装设计

日本产品设计与国际接轨，走技术化路线，而其平面和包装设计领域发展了极富日本传统特色的设计语汇，这种风格在材料、造型、装饰图案及文字处理上，都体现了极为浓郁的日本民族传统。日本崇尚的设计风格，是简洁的外形与精致、细腻、淡雅的装饰图案相结合。在平面设计领域，日本的设计作品更具有鲜明的民族风格，表现为肃静、悠远、清雅、冷澈的视觉体现，其清澈浑朴，追求线与色面本身的量感和张力。佐藤晃一、田中一光等被称为日本当代的天才平面设计师，他们的作品具有现代主义形式的简洁，优雅、素净和单纯，又暗含深刻的日本文化精神内涵，并将这种文化精神推向完美和充实。这些作品简洁洗练、意境清新、形式优美、民族风格鲜明，独树一帜（图7-8、图7-9）。

日式灯具设计多采用木、纸及竹子等自然材料且保留了日本传统灯笼的造型，几何形的结构既简洁又富有变化，在造型的基本框架上糊一层纸，为室内提供柔和舒适的光线，与欧美现代灯具设计相比，具有极为典型的东方风格。因日本灯具设计喜欢用纸，而被称为"和纸风格"，这种风格已经成为日本设计的特点，被国际设计界所接受。把现代设计观念糅合到日本传统艺术中，在融合东西方传统美学观念与东西方文化特征之间，其以独到的思路与手法，及独特的表现形式和视觉语言，成为独具魅力的"和灯"（图7-10、图7-11）。

在室内设计上，他们更是发展了一种温馨舒适的"和式风格"，来契合其民族的住居习惯。日本的跪式生活习惯用的低矮家具、插花艺术、茶道及木门式室内隔断就是这种室内设计的组成因素。木材的运用和玲珑雅致的内部处理，暖色调的灯光效果加上日本的插花艺术，构造出日本民族对住的审美趣味。日本传统室内是没有"墙"的，由"移门"将空间隔开，这个空间本身称为"间"，隔开的空间是流动的、变化的，蕴含多种可能性。木结构的室内设计既是传统文化和形式的保留，也体现了日式室内设计所追求的自然、舒适、简洁，富有人情味和温暖感，禅宗的素朴美学在设计中随处可见。如图7-12所示，家居

图7-7　运用"和纸"的包装

图7-8　佐藤晃一作品　　　图7-9　田中一光作品　　　图7-10　日本"和式风格"灯具设计

布置根据日本人的生活习惯而采用极矮的茶几,在茶几周围的地面上放置日式的蒲团,室内气氛淡雅、简朴、舒适。如图7-13所示是典型的日本风格的室内设计,其空间造型简洁朴实,室内悬挂的灯具、木头方格的推拉门、墙上挂的装饰画及陈设的插花都成为日式风格的设计语言。

日本独特的审美情趣和美学观念,自始至终渗透着日本民族固有的精神。日本传统审美思想受禅宗的影响,推崇简约风格,并且因为崇尚天然的神道信仰而重视材料的本身特色,喜好不经掩饰的裸露材料,装饰性地使用结构部件,完全暴露并体现结构,这种特性与现代设计的要求不谋而合。

日本在高技术领域的设计,似乎在形式上与传统没有直接联系,但设计的基本思维还是受其传统美学观念的影响,如小型化、多功能及对细节的关注等倾向。日本领土小,人口密度大,长期以来狭小拥挤的居住环境使日本民族喜爱小型化、多功能的产品,重视细节并喜爱装饰功能部件。而现代的国际市场趋势恰恰倾向袖珍化、微型化、便携式、多功能化。这些传统的观念非常顺利地融入现代设计中,成为别国所不具备的特点。日本的设计师还认为,真正的设计要面对现实,

图7-11 具有浓厚的东方传统韵味的灯具设计

图7-12 日本传统家居布置

图7-13 日本风格的室内设计

迎接时尚、潮流的挑战。可见，日本并没有因为吸收外来文化而迷失自己，日本的现代设计师开辟了一条传统与现代并行发展的道路，所以日本设计既能满足市场需求，又不失民族特色，是设计民族化成功的典范。

三、北欧设计美学的地域性

北欧五国指的是丹麦、瑞典、芬兰、挪威和冰岛五个位于斯堪的纳维亚半岛的国家。虽然这五个国家互相独立，自然环境、民族特征各有不同，但他们的设计风格非常相似，都体现了斯堪的纳维亚文化和历史的深厚渊源。斯堪的纳维亚设计以典雅、自然、温馨、简洁享誉世界，其反对过分装饰，尊重传统，欣赏材料的自然属性。地域色彩的形成不仅表现在建筑、装饰上，也表现在工艺上。斯堪的纳维亚设计遵循自然的美学取向和为生活而设计的设计原则，使其设计呈现出简约、实用和精细的风格表现。斯堪的纳维亚设计风格还吸纳了功能主义思想，把现代美学与传统美学相结合，并在设计实践中发展完善。斯堪的纳维亚风格将现代主义设计思想与传统的设计文化结合起来，既注重产品的实用性，又强调设计中的人文因素，从而避免了过于刻板和严酷的几何形式，产生了富于"人情味"的现代民族设计美学。著名芬兰设计大师阿尔瓦·阿尔托（Alvar Aalto）提出要走德国人的理性主义道路，而不用德国人的冰冷的金属材料。芬兰的社会传统和严酷的气候环境使阿尔托对设计与人、设计与自然的关系极为敏感和关注，自然资源又为阿尔托的设计提供了灵感和操作可能。在设计与环境的关系、形式与人的心理感受的关系这些方面都取得了其他人所没有的突破，是人性化设计的典范。如图7-14所示，阿尔瓦·阿尔托设计的家具，对材料的使用发挥几乎到了极致。在充分考虑功能、方便使用的前提下其整体造型非常优美。他的家具设计在强调工业化生产的同时，又非常重视人情味，从而适用各种场合。

家具制造业是斯堪的纳维亚手工业中最有代表性、最具影响力的行业。家具设计风格轻巧而富于人情味的格调，专注于简洁和功能，同时不牺牲美观，将现代主义设计思想与传统设计文化相结合，强调当地的人文因素，同时多运用自然材料，使设计风格具有普适性，其简约质朴，又不乏灵活多变；既适于批量化生产又适合北欧的地理环境，成为斯堪的纳维亚地域风格的代表之作。如图7-15所示是著名丹麦设计师凯尔·克林特（Kaare Klint）于1933年设计的躺椅，他一般采用不上油漆的暖色木材和不着色的皮革及素色织物，创造了一种接近自然的设计风格，为家庭成员度过漫长而寒冷的冬季提供了重要的心理依托。克林特设计的家具轻巧而富于弹性，广泛使用纤维织和藤条、竹之类自然而柔软的材料，增强了家具的舒适性，而且能满足用户实用和美学上的双重需要。如图7-16所示是卡尔·马姆斯登（Carl Malmsten）设计的椅子，其根植于瑞典文化，运用有机线条，是一件舒适美好的家具作品。马姆斯登实现了瑞典手工艺传统、个性化和功能主义间的平衡，他的家具设计思想建立了瑞典居家环境轻巧而富于人情味的格调。

通过对日本和北欧设计的分析，可以看出设计的民族化对于一个国家设计发展的重要性，一味地学习国际流行的设计或只注重传统，不接受外来文化，都会导致设计风格的程式化，或因缺乏特色被国际市场淹没。对设计民族化的表现，不能只停留在对表面符号的借鉴上，更重要的是对民族设计的文化积淀和精神内涵的再发现，并把民族精神融到设计中，才是真正的设计民族化。同时，设计民族化的发展还应与现代科技、国家环境等因素紧密结合，从而促进设计全面、持续的发展。

图7-14　阿尔瓦·阿尔托设计的家具

图7-15　克林特设计的躺椅

图7-16　马姆斯登设计的椅子

四、中国传统设计美学的多元和包容

中国传统设计指源于生产实践，并通过经验的积累不断传承的，旨在解决人们的衣食住行等物质性生存问题的知识、技能、技艺和技巧，一般都有百年以上的历史，并有完整的工艺流程。其物质形态采用天然材料制作，具有鲜明的民族风格和地方特色，包括实用品和艺术品两大类。传统设计既是一种物质生产，也是一种精神生产，体现了物质与精神的统一，它是审美情感和造物哲学的重要载体，象征着一个国家的物质文明和文化渊源。

1. 中国古代设计朴素的生态观

中国古代的建筑、工艺美术品的制作都非常注重对生态的保护。

（1）《周易》中的生态设计观。作为最古老的阐发人与自然、社会关系的《周易》，充分显现出视整个宇宙为一整体的生命系统，视人与自然为一个整体的生态伦理思想，而其最高境界，就是"天人合德"。这一生态伦理思想，不仅正确地表达了人与自然、与社会的关系，同时，也是中国哲学对世界的重大贡献。"生生之谓易"是《周易·系辞》中的一个核心概念，中国古人很早就认识到了万物往复循环，连续不断的运动，并且尊重这种自然生态。老子《道德经》第二十五章讲到"故道大、天大、地大、王亦大，域中有四大，而王居其一焉"。这里的"王"是人的意思，老子认为，人在万物中最为贵，这是一种人与自然整体的生态伦理思想。

（2）"天人合一"的生态思想。这一思想命题是由北宋张载第一次明确、系统地提出的。张载在其名篇《正蒙·乾称篇》里说："因明致诚，因诚致明，故天人合一。"张载提出的这一重大而先进的哲学命题，体现了中国哲学重合轻分的思维方式与价值取向，表达了中国先辈"万物同源，和谐共处"的思想观念。"天人合一"是中华民族五千年传统文化理念的优秀思想精髓，它首先指出了人与自然的辩证统一关系，指明了人与自然应是和谐共处的关系，人凌驾在自然之上的做法是完全错误的；其次，体现了人类生生不息、前仆后继，与天地万物共同存在、发展、创造的完美理想和拼搏进取精神；最后，体现了中华民族的世界观、价值观的全面性、先进性和创造性。中国哲人提出的"天人合一"就是深刻认识到"天人一体"，深刻认识到人与自然"本是同根生"，人们在实践活动中应该充分尊重大自然万事万物的生存权利，实现人与自然的和谐统一。因此，中国传统思想文化与理念的精髓和主旨就是要探索和获取"天"与"人"的亲和性，就是要力求达到人与天地万物互相尊重、和谐相处、共同发展。

（3）传统节用生态观。我国自古以来就把节用、俭朴当作君子修身、治家乃至治国的美德，《周易》有"君子以俭德辟难，不可荣以禄"的道观。"俭"才可以避开乱世，享受荣华则与小人同流合污。《墨子》从宫室、衣服、饮食、舟车、夫妇五个方面阐述俭的好处，提出"圣人之所俭节也，小人之所淫佚也。俭节则昌，淫佚则亡"的道德观。在他的著作中阐述了设计伦理观念——"节用"设计生态观。墨子认为，宫室、衣服、器皿、车船等制造目的是为人提供必要的生活保障，对人有利。墨子所说的"圣王"应该就是上古的技术发明者和规划者，相当于现代的总设计师，那时由于物资匮乏，器物的设计与制造都要以"节用"为本，违背道德伦理的"无用设计"不是善的设计，它偏离了设计的本意，也带坏了社会风气。只要能够满足人的基本生活要求即为最大的善，也就是与当时的道德伦理相符合的。

2. 中国古代设计物质与精神的统一性

"巧法造化""技以载道""文质彬彬"等都是中国传统设计思想的瑰宝。中国传统艺术思想重视人与物、用与美、文与质、形与神、心与手、材与艺等因素相互间的关系，主张"和"与"宜"。对"和""宜"之理想境界的追求，使中国古代设计艺术呈现出高度的和谐性：外观的物质形态与内涵的精神意蕴和谐统一，实用性与审美性的和谐统一，感性关系与理性规范的和谐统一，材质、工艺与意匠营构的和谐统一。传统设计思想主张心物的统一，要求"得心应手""质则人身，文象阴阳"，使主体人的生命性灵在造物上获得充分体现。中国传统设计造物一直在造型和装饰上保持着"S"形的结构范式。这种结构范式富有生命的韵律和循环不息的运动感，使中国传统设计造物在规范严整中又显变化活跃、疏朗空灵。

中国传统设计重视工艺材料的自然品质，主张"理材""因材施艺"，要求"相物而赋形，范质而施采"。中国传统设计在造型或装饰上总是尊重材料的规定性，充分利用或显露材料的"天生丽质"。这种设计思想使中国工艺造物具有自然天真，恬淡优雅的趣味和情致。对工艺加工技术的讲求和重视是中国古代设计的一贯传统。

中国古代设计思想历来重视造物在伦理道德上的感化作用。它强调物用的感官愉快与审美的情感满足的联系，同时要求这种联系符合伦理道德规范。受制于强烈的伦理意识，中国传统工艺造物通常含有特定的寓意，往往借助造型、体量、尺度、色彩或纹饰来象征性地喻示伦理道德观念。这种象征性的追求常常使宫廷或文人设计艺术沦为纯粹的伦理道德观念的展示，造成矫饰之态或物用功效的损害。相比之下，更多以生产者自身的功利意愿为象征内涵的民间设计艺术则显得刚健朴质，充满活力。丰富的造物实践使工匠注意到工巧所产生的审美效应,并有意识地在两种不同的趣味指向上追求工巧的审美理想境界:一是去刻意雕琢之迹,追求浑然天成的工巧性;二是极尽能事展现镂金错彩的工巧性。这种传统工艺的二重性互为表里,相互促进,使所制造出来的各种器物流传至今。

中国传统手工艺人在劳动实践中,通过长期的学习与训练,积累起对于材料与器物的丰富感受,他们将自己的观念、思想、智慧、灵感和技艺等抽象的内容融入工艺品的创作过程中,使得设计物品成为人精神外化的产物。而从社会角度看,中国传统设计深受中国文化的影响,同时又是中国文化重要的载体和具体表现形式。"重己役物;致用利人;审曲面势;巧法造化;技以载道;文质彬彬……"这些思想无一不是中国文化在传统设计美学思想上的体现,这也恰恰反映了中国传统设计美学的多元与包容。

第二节 设计美学的当下现实

绿色、生态的可持续设计趋势是设计美学的当下现实,也是时代和社会进步的体现。设计趋势生态化为设计的可持续发展开辟了一个新的设计美学方向。绿色设计、生态设计、仿生设计是现代设计师的重要理念,体现出设计审美对自然的尊重与理解,形成了"绿色、生态、系统化"的设计美学思想。

一、绿色与生态的设计美学

生态设计是生态学家西蒙·范·迪·瑞恩(Sim Van der Ryn)和斯图亚特·考恩(Stuart Cown)在1996年首先提出的,任何与生态过程相协调,尽量使其对环境的破坏和影响到最小的设计形式,都称为生态设计。

生态设计,也称绿色设计或生命周期设计,是指将环境因素纳入设计之中,从而帮助确定设计的决策方向。生态设计要求在产品开发的所有阶段均考虑环境因素,从产品的整个生命周期减少对环境的影响,最终引导产生一个更具有可持续性的生产和消费系统。绿色生态环保设计是20世纪80年代末出现的一股国际设计潮流,并在20世纪90年代成为现代设计研究的重点和热点问题。宣扬绿色生态理念,为消费者提供健康的生活方式,促进环境的可持续发展。它反映了人们对现代科技文化所引起的环境及生态破坏的反思,同时也体现了设计师道德和社会责任心的回归。生态设计建立在生态学有机整体理念的基础上,绿色生态环保设计不仅是一种新的设计理念,也是一种生活态度,它要求人们从思想上树立绿色环保意识,保护环境、节约资源,尽最大努力改善环境生态失衡的现状,创造可持续发展的生存环境。

天津生态城低碳体验中心(图7-17),是利用"减少原则"进行设计的经典案例。该建筑利用季节的自然变化进行采光和调温,利用可再生能源,装配节水节能配件及监控系统。相比类似的传统建筑,整个生态城可节省30%的能源,相当每年节省171吨标准煤和减少427吨二氧化碳排放,在世界低碳生态城市建设上起到了引领示范作用。充分体现了绿色设计的核心原则之一——减少原则(reduce),其减少了对物质和能源的消耗及有害物质的排放。

罗技公司推出了世界上第一款太阳能无线键盘(图7-18),其顶部装有太阳能光电板,可以通过阳光或

图7-17 天津生态城低碳体验中心

图7-18 罗技太阳能无线键盘

普通灯光进行充电，电量充满可使用3个月的时间。这款键盘使用可回收塑料制成，在保证产品质量和寿命的同时，也体现了再循环的设计原则，即设计应考虑产品材料的可回收性。

意大利米兰的"垂直森林"（图7-19）建筑是著名建筑设计所"博埃里工作室"的作品，其将高层建筑和绿色植物相结合，有助于解决空气污染及城市的生态绿化难题。整个建筑引进自然光，自然通风、保温隔热，这个项目也旨在净化城市的空气，树木将有助于增加湿度、吸收二氧化碳和灰尘颗粒，并制造氧气。既改善居民的生活质量，也创造一个天然的阻挡辐射与噪声的屏障。遮阳、适宜的表面温度、避免眩光等生态设计理念是当下设计美学的现实存在。

设计美学中的绿色、生态设计趋势是时代和社会进步的体现。设计中考虑诸多因素：考虑材料生态化，材料的再生，即可利用、节省再生资源，也包括重复利用材料，如图7-20所示的德国大叶海藻凳子设计完全用可回收材料制成，符合世界环保的最高标准，从某种意义上，这既是设计美学的现实存在，也表明了未来的设计趋向。

考虑设计生态化——结构的持续发展，技术生态化——环境的保护和再生，必须注意与自然协调。人类的工作方式必须和自然生态相和谐，这也是对现代生态设计最基本的要求。生态设计因地制宜，充分利用自然资源与各种因素，结合生态规律与自然特征，可从生态优先与整体优先出发，加大对自然环境的应用，控制人工层次，让自然环境与人工构造平衡发展。在"花园城市"新加坡的新加坡南洋理工大学，其作为教育系统内实行屋顶节能绿化技术的先行者，校内有一幢特别的绿色屋顶建筑——艺术设计与媒体学院大楼（图7-21）。它的屋顶绿化由一系列经过技术认证的节能设备和翠绿草坪构成，犹如一条绿色丝带，铺设在这幢五层的大楼上，蔚为壮观。这个绿色的屋顶不仅好看，同时也实现了在屋顶上种菜种花和种草的理想状态，有了绿色植物的覆盖，就相当于给这个楼加上了天然的隔热层。新加坡南洋理工大学绿色屋顶的学院大楼，是通过技术手段实现的环境保护和再生，这种绿色、生态的可持续设计是设计美学的当下现实，也是时代和社会进步的体现。

绿色物流是现代物流发展的必然趋势，京东首创物流回收体系，其最新使用的循环快递箱，"青流箱"（图7-22），经过回收、清洗和消毒后，可以再次使用，是继冷链保温循环箱、循环包装袋后的又一新动作，其充分体现了绿色设计的核心原则之一——再使用原则，即设计时要考虑产品及其零部件经过处理之后能被继续使用。在日常生活中，废旧日用品的重设计、再利用也是绿色设计的应用（图7-23）。

综上所述，"绿色设计"在现代化的今天，不只是一句时髦的口号，而是切切实实关系到每个人切身利益的事。美国设计理论家维克多·帕帕奈克

图7-19　米兰垂直森林及其局部图

图7-20　大叶海藻凳子设计

图7-21　艺术设计与媒体学院大楼

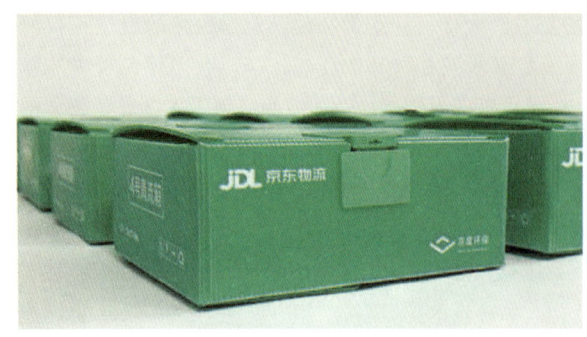
图7-22 京东"青流箱"

图7-23 红酒木塞做的多肉花器和麋鹿摆件

（Victor Papanek）在《为真实的世界设计》一书中说道，"我们总是忽略这一事实，即地球上几乎所有的重要缺陷都是由人类造成的。"所以绿色设计不应该仅是一个倡议或提议，它应该成为现实文明和未来发展的方向。绿色、生态的设计审美趋向蕴含深层次的精神内涵，体现了全球的设计需求，而正是这种情感心理所衍生出的审美情趣决定了设计美学的现实存在。

生态设计所面临的最大问题是如何利用现有材料，重建因经济的发展需要而受到破坏的地域生态环境，并在此基础上突出表现地域性文化精神及其历史发展过程。理论和实践证明，在现代生态设计中不能盲目照搬其他地域环境下的设计手法和绿化模式，只有站在当地自然生态环境的角度下，本着"以人文本""天人合一"的哲学思想，充分运用生态设计的理念与原则，才能设计出最好的作品。

二、人性化设计的设计美学

从设计审美趋势来看，19世纪的设计思想是以艺术为中心的设计思想，这时候的设计审美是艺术装饰，不仅继续蔓延维多利亚过度装饰的风格，而且复古传统经典的样式和一味表现华美精致的装饰。随着机械化生产的广泛普及，20世纪初的设计以机器和技术效率为主要目的，把人看作机器系统的一部分，要求人去适应机器；到20世纪50年代，战后经济复苏，以刺激消费为目的的设计思想是当时的主流，从"流线型运动"到"有计划废止制度"都是丰裕社会促成的设计运动；随着全球经济的发展，能源的恶化，设计师们也越来越注意资源和环境的问题，设计应该认真考虑地球的有限资源使用问题，设计应该为保护我们居住的地球的有限资源服务。他强调，设计的目的不仅仅满足为眼前的功能、形式服务，设计更主要的意义在于其本身具有形成社会体系的因素，因此，设计也必须考虑对于社会短期和长期因素的内容。这种思考深化了设计思考的层面，推动了设计观念的发展，自然这就是现代设计审美观念：设计以人为本。

人性化是设计发展的重要趋势。从设计的本质上讲，任何产品设计观念的形成均以人为出发点，设计的最终目的是满足"人"的需求，这就使设计发展越来越趋向人性化的发展方向。生活节奏的加快、产品的更新、网络的普及、科技的进步等发展因素，使人们的个性意识加强，人们越来越注重"个性"需求的满足。设计上，人们不再盲目崇拜国际主义风格冰冷、单调的几何形式，对设计的要求不仅表现为"安全""可靠""方便""舒适"等标准，还要符合"情感""自我价值""文化修养"等需求。这些都促进了设计人性化发展的趋势，也就是在设计的过程中，注重人机工程学的生理层面的同时，兼顾消费者心理层面的需求。

根据美国行为科学家亚伯拉罕·马斯洛（Abraham Harold Maslow）提出的需求层次论，我们可以深层次地分析设计人性化的实质。马斯洛将人类需求从低到高分成五个层次（图7-24），即生理需求、安全需求、社交需求、尊重需求和自我实现需求。马斯洛认为上述的需求五个层次是逐级上升的，当下级的需求获得相对满足后，上一级需求才会产生。人类的精神需求是较高层次的需求，人类社会越是向前发展，人的需求就越高。物质需求的满足依赖的是人机工程学的帮助，具体表现为设计的实用性；精神需求则涵盖使用的舒适愉悦、外形的美观和精神满足。精神需求的满足是人性化设计的较高要求。

设计美学中的人性化趋势是时代和社会进步的体现。充分、变通的考虑设计需求，以便使设计作品更适合消费者的心理和个性需求应是设计不懈的追求，如图7-25所示的购物袋设计，仅仅设计了一个可供亲子用的把手，就充分满足了年轻妈妈与孩子共同出行的需求，是非常人性化的变通设计。在设计美学中，要考虑设计目的，设计材料、设计手段均要在为人服务的同时与自然相通，既符合人的需求也符合自然的规律。以人为中心的设计，为人的需求而设计，是以生态为中心的可持续设计，应考虑人的长久生存问题。

在这个充满制造和生产物质产品的工业化社会里，"愉悦设计"便可作为一种"媒介"达到向"后工业社会"的转变。凡是能改变不合理的使用方式，或是让人更加愉悦，带给人们美好生活的一种方式、一个物件、一个表情等，都有可能成为"愉悦设计"，这也是后工业社会的设计趋势。不管是一些商业化的平面广告，还是产品设计，主要目的是促销商品，提高产品和企业的知名度，创造更多的利润，所以设计要从消费者心理学出发，设计出更加吸引眼球的作品，让受众从设计作品中得到情感的共鸣。如各种有趣的门挡设计，新颖的水池塞，都是心理减压的愉悦设计，满足都市快节奏的生活需求（图7-26、图7-27）。

在设计美学的发展中，如今体验经济的时代，设计师们在忙于设计的同时，也越来越注重对设计心理学的研究。情感设计在设计心理学中指与设计相关的人类情感体验，其中包含了人在设计品使用过程中的情感体验。只有以人为中心去设计，为人的需要而设计才是真正的可持续设计。

"以人为本"的理念是中国传统设计中一直遵循的重要原则，例如我国古代设计中已经很注意"材"与"适用"，如《长物志·器具》中介绍了一种坐具，名曰"坐团"，很像如今的坐垫，"蒲团大径三尺者，席地快甚，棕团亦佳；山中欲远湿辟虫，以雄黄熬蜡作蜡布团，亦雅"。蒲团是用蒲草织成的圆形坐垫，故称蒲团，制成圆形是为了最大限度利用空间，不浪费材料，其主要用于古代人席地而坐时阻隔地上的湿气，也有用棕丝织成的棕团，其特点是就地取材，还可以根据需要进行调整，如在山中湿气大、毒虫多，则可以加入驱虫的雄黄并配上蜡布以隔湿气。这种朴素的"人本"思想正符合现代设计美学思想。

李渔，是清代戏曲理论家、作家，对营造、器物及园艺颇有研究。李渔持有"宜简""去奢"的设计道德观。他主张"俭朴"，反对"奢靡"，著作《闲情偶寄》中倡导："土木之事，最忌奢靡，匪特庶民之家，当崇俭朴，即王公大人亦当以此为尚。盖居室之制，贵精不贵丽，贵新奇大雅，不贵纤巧烂漫。"俭朴的德行有助于抑制过分的欲望，作为设计师在设计之初首要扼制这种欲望。在李渔看来，没钱的庶民固然要崇尚俭朴，富有的王公大人家也要俭朴，不要过于炫耀。他还进一步分析造成喜好比富争丽的心理成因，这种攀比心理来源于缺少创新，只有靠富丽来装点门面。从设计道德伦理的角度来看，在用料、装饰等方面过于奢侈是一种缺少创新的表现，设计师应该用创新来达到"精而大雅"，令人艳羡才是真正的设

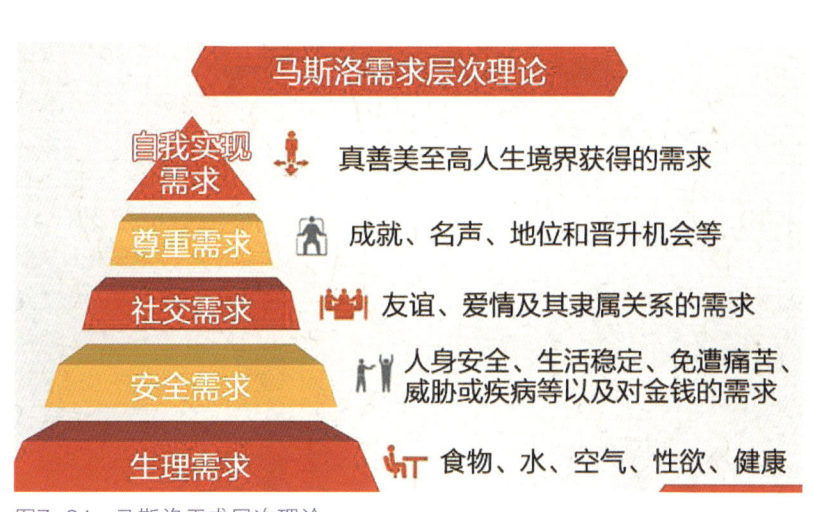

图7-24　马斯洛需求层次理论

图7-25　人性化亲子购物袋

图7-26　"冰淇淋"门挡

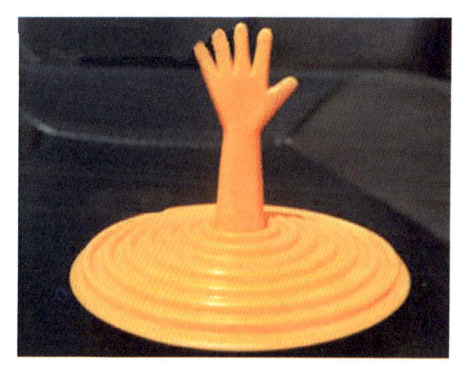

图7-27　"溺水"池塞

计之道。李渔"倡节俭、反奢靡"的设计思想在中国古代有着深厚的道德伦理基础。

李渔还设计了"暖椅""凉杌",可以说是专为读书人"量身定制"的,别具匠心。他在马扎中间加一个小箱子,里面放上凉水或冰块,变成一个"冰箱",夏天坐上去就可以消暑了,是为凉杌。读书人喜久坐,冬天怕冷,以往多以生炭火来解决,但这样一则费钱;二则灰尘太大,所以就设计了这个多功能的"一物而充数物之用"的暖椅(图7-28),而暖椅,外观既是椅子也是办公桌,放上煤炭后可以不断生暖,是冬天写作的绝好家具。功能却远不限于炉子的功能,真正是给人做的设计。

中国传统的生态设计观念体现了朴素的设计伦理,它体现的是人与自然的关系,学习这些朴素的生态设计观念是当下现实的设计美学倾向,对于现代生活和设计的可持续发展有重要的意义。

综上所述,人性化设计考虑的是设计功能的人性化、形式的人性化以及情感化和个性化。人性化设计在实现功能的基础上,尊重和满足心理需求和精神追求,是设计中的人文关怀,是对人性的一种尊重。现代工业的高速发展建立在消耗地球的自然资源的基础上,虽然人类使用需求得到满足,但是付出的代价却是对自然资源的损耗。面对严重的生态危机,人类应该充分建立生态意识,以人与环境的和谐共生关系为出发点实施设计。

三、仿生设计的设计美学

无所不包的自然界把无穷的信息传递给人类,提升了人类的才能,启发了人类的智慧。仿生设计是设计师塑造形态的重要方法之一,体现出设计审美对自然的尊重与理解。仿生学包括植物、动物,或者整个生态系统的仿生,作为一种设计趋势在设计美学中越来越受到重视。促成了这样趋势的原因有两个方面:一方面,仿生学对于创新设计是一种启发资源;另一方面,仿生学本身的生态适应性为当前设计提供了创造可持续、可再生的设计环境,形成了"绿色、生态、系统化"的设计美学思想。

仿生设计是在自然界中发现具有优良的结构、形态、功能等可仿生价值的生物体,然后分析并确定设计的能量转化机制,在自然界寻找具有这种结构功能的对应生物体并应用于设计的过程中,如我国古代的鲁班根据草叶的锯齿形状结构发明了锯。最早仿生工具设计的例子可以追溯到新石器时期带齿的石镰和蚌镰。早期的仿生设计案例是列昂纳多·达·芬奇(Leonardo da Vinci)在对鸟类飞行研究的基础上提出的机械设计。但是作为一个现代学科的起始,学界经常认为源于1957年奥托·施密特(Otto Schmitt)根据其博士阶段的"物理装置"仿生拟态研究提出的仿生学概念。这一词语直到1974年才进入《韦氏大词典》:一种以综合自然模型机制与人工模型机制为目的,对生物性产生的物质和材料(例如蛛丝)以及生物机制和过程(例如光合作用)中相关形式、结构和功能的研究。此后仿生学的研究出现了各种各样的工程学应用案例,例如汽车、飞机、建筑结构等。

设计仿生即人类模仿生物的功能进行物质改良与创新。从仿生的表现和应用,分为几个方面:形态仿生、功能仿生、结构仿生、表面肌理仿生。

功能仿生设计是指通过研究生物体和自然界物质存在的功能原理,并使用这种功能原理去改变现有的或创造新的技术系统,以促进产品的更新换代或新产品的开发。人们通过功能仿生设计来便捷地实现许多原来不可能实现的目标。如图7-29所示是设计师拉蒂卡·塞斯(Radhika Seth)设计的一款iPad吸附支架,其展示了时尚的设计可以既优雅又实用。它的创新在于其仿生学的灵感——壁虎的吸附能力。

形态仿生设计是指在设计过程中,设计师将某种仿生对象的整体或局部经过加工和整理应用到产品外观上,让人产生某种相关联想的一种设计手法,从而带给人们返璞归真、回归自然的情感需求。如图7-30所示是仿生自然界中蝴蝶外形与结构而设计的椅子,外形灵感来自美丽的蝴蝶,

图7-28 《闲情偶寄》中"暖椅"配图

椅子的外观优雅空灵，造型活泼有趣。如图7-31所示是仿生大蒜形态的调味瓶设计，其既可以独立使用，又可以组合在一起，便于收纳且外形美观有趣。

　　肌理仿生设计是设计师借鉴和模拟自然物表面的纹理质感及组织结构特殊属性而做出的设计，注重发挥设计品的实用性，以及表面纹理的审美、情感体验。如图7-32所示是仿生蜂巢肌理的座

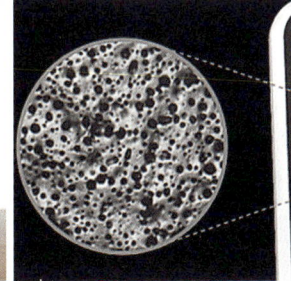

图7-29　仿生壁虎吸盘的iPad吸附支架

图7-30　仿生蝴蝶椅

图7-31　仿生大蒜调味瓶设计

图7-32　仿生蜂巢肌理的座椅设计

椅设计，其不但纹理质感亲切，这种独特的结构更使座椅牢固而舒适。如图7-33所示是日本设计师深泽直人设计的果汁盒，极度仿真的色泽肌理会使人马上联想到新鲜可口的水果，满足消费者的情感体验。

设计仿生趋势促使设计师不仅要积极关注自然界中一切生物的生理结构和独特材料，并且巧妙应用这些结构和材料，创造出满足人们需要的产品，同时还要细心观察自然，提炼自然的精妙之处，提出更多构想，为设计探索提供更多思路，从而创造出形态美观、功能实用且更有价值的仿生设计产品。

图7-33　深泽直人果汁包装设计

第三节　设计美学的发展趋势

数字化设计、高科技设计、交互设计、虚拟设计和非物质化设计等都是设计的未来发展趋势，所以未来设计美学会更关注智能、科技、互动、场景等设计范畴，会更注重人的情感，更注重现场体验感。

一、交互设计的设计美学发展趋势

随着网络和新技术的发展，各种新产品和交互方式越来越多，人们也越来越重视对交互的体验。在使用网站、软件、消费产品、各种服务的时候（实际上是在同它们交互），使用过程中的感觉就是一种交互体验。通过对产品的界面和行为进行交互设计，让产品和它的使用者之间建立一种有机关系，从而有效达到使用者的目标，这就是交互设计的目的。**交互设计努力去创造和建立的是人与产品及服务之间有意义的关系，以"嵌入信息技术"为中心。**交互系统设计的目标可以从"可用性"和"用户体验"两个层面上进行分析，关注以人为本的用户需求。交互体验的好坏不是产品、交互、设计师、程序员说了算的，是由用户来评判的。所以产品和设计行业都会强调"共情"能力，可以站在用户的角度来审视做出来的东西，而不是呆滞的上帝视角。从用户角度来说，交互设计是一种如何让产品易用、有效而让人愉悦的设计，它致力于了解目标用户和他们的期望，了解用户在使用产品时彼此的行为，了解"人"本身的心理和行为特点，同时，还包括了解各种有效的交互方式，并对它们进行增强和扩充。

交互设计要涉及多个学科，以及和多领域、多背景的人员沟通。例如在交互界面设计时，应该基于用户心理而非工程实现，如图7-34所示，就是将在后台复杂计算

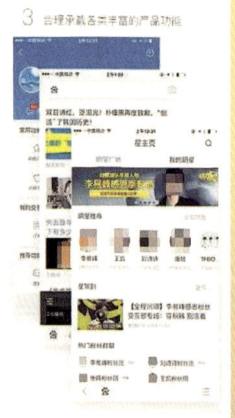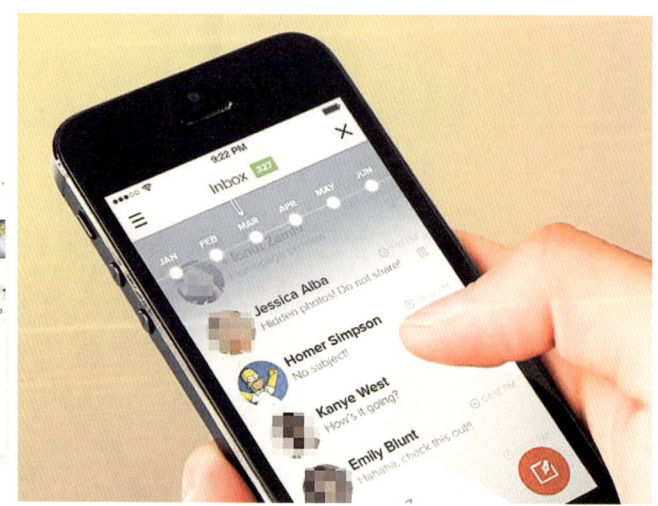

图7-34　手机用户习惯与界面设计

的过程，通过设计使产品达到符合用户习惯的浏览和操作方式。优秀的设计师能够将生活的细节与数据整理进行结合，从而抓准用户的心理，使其页面更加友好。

交互体验和产品、用户体验还不太一样，专指用户在交互流程中得到的体验，是由用户来评判的。所以产品和设计行业都会强调"共情"能力，可以站在用户的角度来审视我们做出来的东西。

二、人工智能设计的设计美学发展趋势

人工智能作为当下最热门的科技现象，不仅在技术上带给人们巨大的变革，对设计的感知方式及认知逻辑也产生了深远的影响。在万物互联的场景下，人工智能对大众化设计的影响体现在方方面面，不仅颠覆了传统的设计模式，降低了设计的门槛，更创造了大量的商业价值。从设计的受众来看，人工智能参与的设计善于利用用户在互联网上留存的海量信息数据，例如用户最喜欢的商品类型、常去的商业地点、常看的电影类型等，通过数据挖掘算法和推荐算法为用户进行"量身定做"的个性化设计，这类基于大数据的人工智能设计工作量巨大，是人工设计无法独立完成的。

人工智能画作最有代表性的案例是2018年10月佳士得纽约拍卖会以43.25万美元售出的AI画作《埃德蒙·贝拉米画像》(Portrait of Edmond Belamy)(图7-35)，该画作由一个法国团队使用计算机程序自动生成，它右下角的落款上写的是该程序使用的GAN网络算法函数。AI作品的首次公开拍卖成功预示着人工智能艺术家的正式出道，众多关于人工智能艺术家代替人类艺术家的担忧出现，讨论随之应运而生。清华大学美术学院和未来实验室的高峰博士带领团队开发了以GAN为基础的"道子AI智能系统"（简称"道子"）。"道子AI智能系统"充分体现了科学与艺术跨界融合的价值与魅力，是该研究团队将人工智能与艺术创作跨学科交叉融合探索的成果。"道子AI智能系统"通过使用GAN等人工智能技术来训练计算机学习齐白石、徐悲鸿、黄宾虹等国画大师的绘画风格和技巧，使得"道子"可以产生具有独特风格的"国画作品"。如今，"道子"已被成功应用于中国美术家协会、雅昌集团等单位。"道子"在学习了数百张徐悲鸿画的马和真实马的照片后，画出的马的绘画图像作品（图7-36），达到了以假乱真的程度，普通人很难把人工智能系统"道子"的作品和人类画家的作品区分开来。

另一类人工智能设计案例是自动美化和自动排版，以阿里巴巴"鹿班设计"为典型代表（图7-37），可以自动设计生产商品的海报、横幅等。"鹿班"平均1秒钟就能完成8000张海报设计，一天可以制作4000万张海报，单单2019年"双11"期间就设计了11.7亿张banner海报，帮商家完成120万次线上店铺装修以及600万次商品图片设计与投放。"鹿班"是互联网经济应运而生的产物，是非常符合大众化设计的智能辅助产品，为互联网电商节省了大量的人力、财力投入，可帮助商户快速适应市场的节奏变化。

人工智能设计的长足发展，为相关领域注入新鲜血液的同时，也带来了一系列的问题。例如，对于人工智能创作物版权问题的讨论十分热烈，各方也有不同的声音发出。相关研究认为，对人工智能创作物的可版权性判断，

图7-35　AI画作《埃德蒙·贝拉米画像》

图7-36　"道子AI智能系统"画的马

应该以"额头出汗"原则建立起独创性判断的客观标准。而对于智能作品上的权利配置，应该以所有者与使用者之间的约定优先，建立起以所有者为核心的权利构造，以鼓励投资人，并促进人工智能技术的长足发展。可见，人工智能设计的相关法律和伦理问题，还需要社会各界的更多相关支撑，以保证其繁荣发展。

人工智能、BIM、大数据、参数化等正以排山倒海之势，渗透到各行各业，它让设计师解放双手有更多精力去专注设计，它使设计信息的采集储存、分析规划变得空前高效和准确。所以，设计的各个领域（不只是产品设计），如视觉传达设计、景观设计的AI时代也已然来临，现在的景观越来越讲究"人的参与性"。不仅于此，还使受众体验到从未有过的快感，如图7-38所示的景观小品，主要以太阳能为能源，人一旦靠近它，叶子就会自动张开。这种参与的新奇体验感是传统景观设计不能给予的。

设计美学的发展使设计更趋向于注重人的情感。将高新技术同时引入人与景观的互动设计中，以设计形式的创新来丰富人们的真实感受，灯光、影像、声效融入景观要素中，把虚拟和现实结合到一起。设计师要以主题为中心，构思富有特色的空间和设施，向人传达一种符号语言。这类交互设计不仅满足了基本的功能需求，还能在互动的过程中给人留下情感烙印。互动动物科普装置、互动音乐艺术装置、智能跑道、AI虚拟环球骑行装置等"虚拟"与"现实"的结合，能够吸引观者的注意力，使其主动参与并完成作品，给观者以视觉与心理的双重享受。例如，互动装置景观墙（图7-39），当路人走过时，墙上的蝴蝶灯就会亮起来，满足参与者的情感心理，是一种互动非常强的设计。再如，"Firefly Field"（图7-40）是一个由500个飞行光点组成的迷人的灯光装置，万千光点在地面上发光、飞行和盘旋，模拟萤火虫的夜间飞行轨迹，每一种闪烁模式都是一种光学信号。柔软的LED棒随风舞动，观者可以近距离接触灯光设计的景观作品，体验反射和折射与自然的融合。

未来的景观设计，会融入更多的科技元素，加强环境与人的交互体验，使科技不再冰冷，使设计更有互动性，更有乐趣。每一个项目的落地都伴随着跨学科的合作，当景观不再是纯粹的景观，而是融入更多的元素，景观设计就会越来越有趣味。

三、非物质设计的设计美学发展趋势

20世纪90年代以后，计算机的出现、网络的普及，

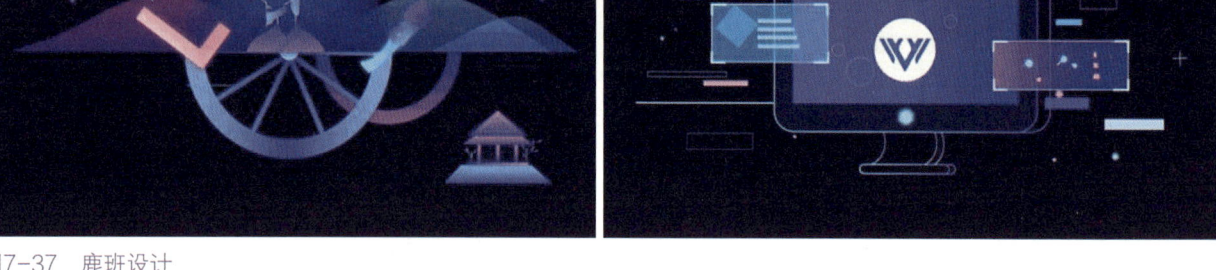

图7-37　鹿班设计

图7-38　交互景观装置

推动了信息时代的到来,数字化设计发展,使设计美学趋向信息化审美。同时"基于提供服务和非物质产品"的设计,使得设计的趋势向非物质化、虚拟化的方向延伸,所以"非物质化"也是未来设计美学新的发展方向。"非物质设计"的出现与广泛应用是信息化社会发展的必然结果,也是人们生活内容和形式的变化所致。在提倡设计多元化的今天,电脑作为设计工具,可以将作品以虚拟的数字化形态呈现出来,使其基于物质而又超越物质,服务于人又能对人们的生活方式与内容起到积极的引导作用。

相对物质设计而言,非物质设计所提供的更多的是一种服务,是一种信息传达或采集的方法和技术。非物质化设计是社会非物质化的产物。我们可以把非物质设计分为两大类型:一类是信息设计或者说是数字设计。也就是针对网络的设计,信息社会强化了个人孤独和私人化的生存方式,所以设计承载起对人类精神和心灵慰藉的重任。在信息社会里,人们从事教学、科研、电子商务等活动,通过网络传播获取和利用信息,网页成为信息和思想传播交流的主要形式。另一类是基于服务的设计。基于服务的设计(包含销售)带给人们的不仅是商品,还有生活理念等附加价值,这种附加价值还能够刺激消费的持续再生,促进企业品牌的成熟和传播(图7-41)。

法国著名社会学家马克·第亚尼(Marco Diani)在《非物质社会》一书中写道:"在后现代社会中,主导人们工作的主导性结构形成的一个主要特色,就是技术的无所不在性和随机应变性。从以人力工作发展到以机器工作,再发展到以电脑为工具工作,其间发生的迅速的技术变化,导致了个人和群体为适应其特殊工作环境的变化。与这种技术变化同时发生的,还有社会的变革和文化的变革,这一变革反映了从一个基于制造和生产物质产品的社会到一个基于服务或非物质产品的社会的变化。在这样一些新的条件下,设计已经变成一个更复杂和多学科的活动。"可见,信息化社会的到来拓宽了设计对象的范围和

图7-39　互动蝴蝶景观墙

图7-40　LED灯光景观设计

图7-41　售后服务示意图

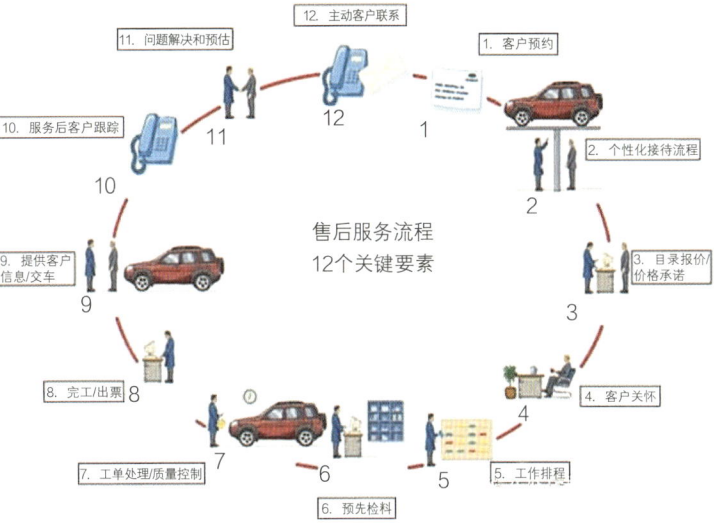

内容，使设计更注重非物质化的设计倾向，非物质的概念在信息化社会体现得更加明确。

进入信息社会后，以电脑作为设计工具，虚拟数字化的设计成为与物质形态设计相对的一类设计形态，即非物质设计。如图7-42所示的微服务架构，每个服务都有自己的处理和轻量通信机制，可以部署在单个或多个服务器上。Web服务器、应用服务器、数据库、存储、通信层，它们彼此或和环境存在关系。系统架构的目标是解决利益相关者的关注点。

随着人们对信息化要求的不断提高和自我实现意识的不断增强，非物质化设计要求融入更多的美学法则，并要符合人们的审美理念，从而产生了非物质化美学。在非物质条件下的非物质社会，功能异化渐渐显露头角。尤其在人性化设计日趋占据设计领域重点的今天，在一些特定环境和条件下，许多功能逐渐退化，衍变成一种形式的存在方式，成为影响设计的主要支配点。可以看出，在当今社会中，人们对产品的需求，不再停留在产品的物质层面，越来越多反映在产品的精神层面。因此，非物质设计美学是设计美学的发展过程中出现的新课题。

四、虚拟设计的设计美学发展趋势

虚拟设计是指设计者在虚拟环境中进行设计，主要表现在设计者可以用不同的交互手段在虚拟环境中对参数化的模型进行修改。例如在展示设计中，UI界面示意图主界面中有新手训练、小组训练、案例鉴赏各种选项，设计师能够更好地掌控自己的设计，不断对其进行调整，进行不同方案之间的比较。景观设计中，虚拟界面如在现实中建建筑和园林景观一样，设计师可以在虚拟界面上不断调整设计元素，更直观地完善设计方案（图7-43）。

就"设计"而言，传统设计的所有设计工作都是针对物理原型（或概念模型）展开的，而虚拟设计所有的设计工作都是围绕虚拟原型展开的，只要虚拟原型能达到设计要求，则实际产品必定能达到设计要求。就"虚拟"而言，传统设计的设计者是在图纸上用线条、线框勾勒出概念设计，而虚拟设计的设计者在沉浸或非沉浸环境中随时交互、实时、可视化地对原型进行反复改进，并能马上看到修改结果。如同在现实中建建筑和园林景观一样，虚拟空间设计是利用虚拟的空间设计平台，在计算机中完整地将建筑师和规划师的构思展示出来，使设计师能够更好地掌控自己的设计，不断对自己的设计进行调整，进行不同方案之间的比较。如图7-44所示，点击屏幕后会直接进入场景，场景背景在一所展厅中，展厅中有许多空展位，人们在场景中可以随意走动。点击手柄菜单界面弹出资源界面，可以对资源界面进行操作，选取所需要的设施进行场景搭建。虚拟设计是基于三维的空间设计理念，它不同于现有的二维设计理念，不再将空间的表达分为单独的六个或多个面

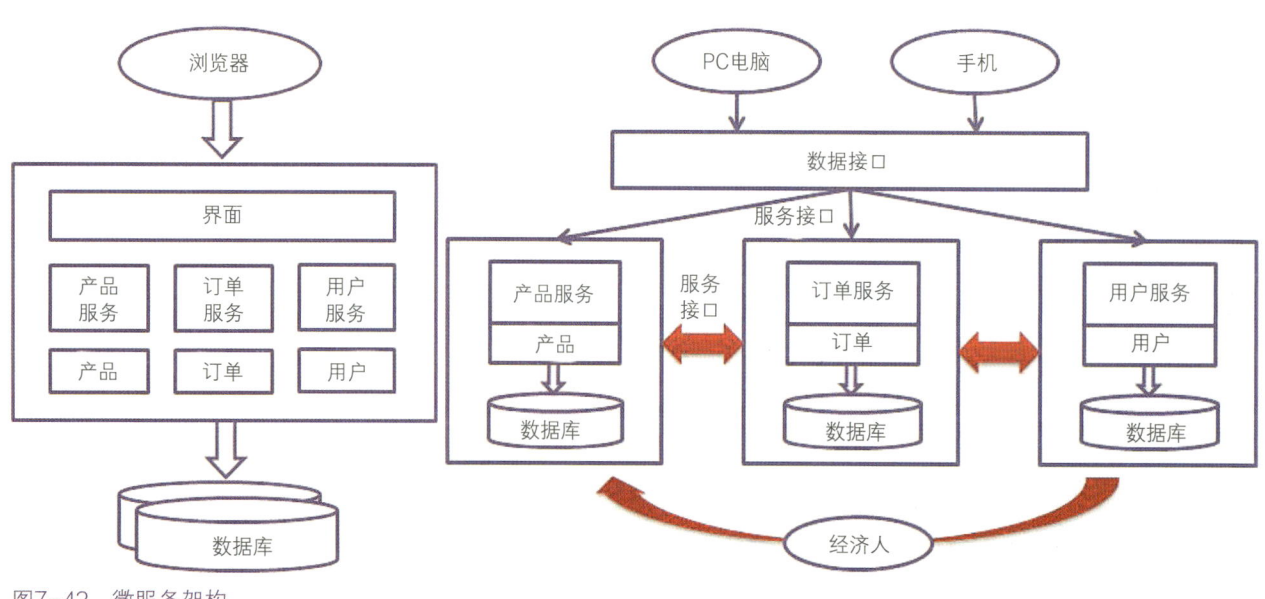

图7-42　微服务架构

来进行设计。虚拟空间设计是从空间的角度开始整个设计过程的。再如图7-45所示,通过沉浸式VR头盔从视觉上如同身临其境,通过模拟实训系统让虚拟环境更加真实。

此外,近年来全息投影技术(也称虚拟成像技术)也越来越成为设计的新趋势。全息投影技术不仅可以产生立体的空中幻象,还可以使幻象与表演者产生互动,一起完成表演,产生令人震撼的演出效果。全息投影技术在舞台中的应用,可以使丰富立体的幻象与现实表演者一起完成演出,共

图7-43 虚拟设计界面示意

图7-44 虚拟展厅设计

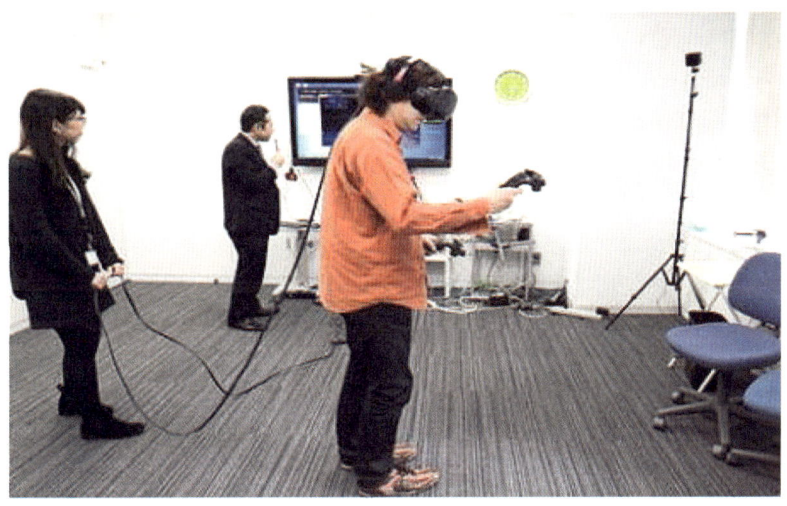

图7-45 VR沉浸式体验

 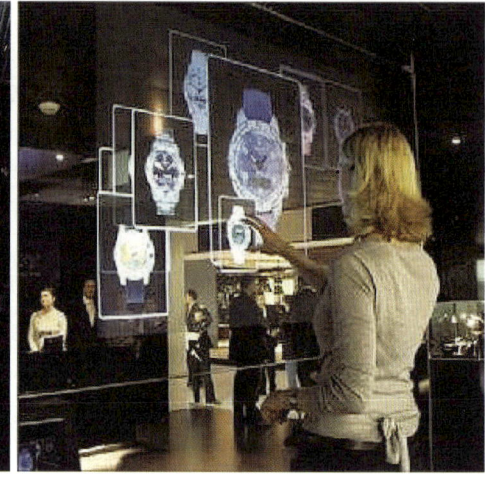

图7-46 "花舞印象"全息投影餐厅设计

同产生惊艳的舞台效果。例如时装发布T台"秀"中全息投影技术的运用,美轮美奂的全息投影画面伴随模特的脚步把观众带到了另一个世界中,使观众体验了一把虚拟与现实的双重世界。服务和销售行业是最需要群众基础的,能最大限度吸引消费者就是王道。如图7-46所示的"花舞印象"全息投影餐厅,将用餐者置于流动且优美的环境里,用全息投影技术实现"自然"环境与人的交互,把用餐环境装扮的理想且梦幻,交互技术的运用以全新的视角吸引了人们的眼球,激起了消费者的消费欲望。

未来设计发展是一个从"3E"到"3C"的趋势。所谓"3E"就是指教育(Education)、娱乐(Entertainment)和电子商务(E-commerce)。所谓"3C"就是指电脑(Computer)、通信(Communication)与消费电子(Consumer Appliance)。数字全球化的发展,是一个有利于全球设计增进的过程,使所有参与数字全球化的国家和行业可以在更大范围的国际设计领域得到交流和借鉴。通过数字全球化促使世界设计市场规模扩大,更加促进了国际之间的竞争,通过竞争优化产业结构,激励设计创新,加快设计优势转化的过程,也会促使设计美学全新发展。

最新的Chat GPT人工智能的出现产生了颠覆性影响,基于GPT-3架构(生成式语言模型)开发的模型,通过使用大量的训练数据,能够模拟人类的语言行为。可以用于自然语言处理、人机交互等应用场景。很多设计的领域,如芯片产品、融合通信产品、智能化解决方案等都会面向物联网应用,提供数据的采集、传输及应用,为各类上层应用提供基础服务,未来很多公司智能化产品如传感器、万能遥控器、智能水表数据采集器等都具有自学和边缘技术功能,这些都会给未来设计美学提供新的研究领域。

对于设计美学的当下现实与未来趋势的讨论,并不是学究式的空谈,而是有着实际意义的。不同的地域诞生不同的民族,不同的民族滋养不同的文化环境,不同的文化发展出丰富多样的设计风格。每个区域、每个民族内部都有其生活习惯的限制,在这种制约中可能出现带有浓厚地方特点的地域性文化,从而形成独特的设计作品。真正的设计民族化意味着一个国家设计风格的成熟和成功,因为一个国家经济发展到一定程度,文化会作为国家发展的软实力受到重视。

面对严重的生态危机,人类应该充分建立生态意识,以人与环境的和谐共生关系为出发点实施设计,绿色、生态的可持续设计趋势是设计美学的当下现实,也是时代和社会进步的体现。从设计的本质上讲,任何产品设计观念的形成均以人为出发点,设计的最终目的是满足"人"的需要,这就使设计发展越来越趋向人性化的发展方向。

设计美学的发展使设计更能够尊重和满足人的心理需求和精神追求。如将高新技术引入互动设计中,以设计形式的创新来丰富人们的真实感受,把虚拟和现实结合到一起。设计美学会更关注智能、科技、互动、场景等设计范畴,会更注重人的情感,更注重现场体验感。数字化设计、高科技设计、交互设计、虚拟设计和非物质化设计等都是设计的未来发展趋势,这类交互设计不仅满足了基本的功能需求，还能在互动的过程中给人留下情感烙印。现代设计美学一定是放眼整个设计的发展前景的，我们有理由相信，全新的设计美学时代即将到来。

本章思政与思考题

1. 怎样理解设计美学的多元性与包容性？请用具体设计案例阐释。
2. 如何理解设计美学中的人性化设计美学？请用具体设计案例谈一谈。
3. 怎样理解设计美学的未来趋势？
4. 仔细阅读教材，谈一谈非物质设计、虚拟设计中如何能融入传统设计美学？

参考文献

[1] 董霞. 设计美学研究述评——以中国教育背景下的设计美学研究为中心[D]. 景德镇陶瓷学院, 2013.
[2] 朱良志. 中国美学十五讲[M]. 北京：北京大学出版社, 2006.
[3] 张晓玮. "中和"思想与中国古代的器具设计[D]. 青岛：青岛大学, 2008.
[4] 张黔, 等. 设计艺术美学[M]. 北京：清华大学出版社, 2007.
[5] 徐恒醇. 设计美学概论[M]. 北京：北京大学出版社, 2016.
[6] 邢庆华. 设计美学[M]. 南京：东南大学出版社, 2011.
[7] 罗伯特·克雷. 设计之美[M]. 尹弢, 译. 济南：山东画报出版社, 2011.
[8] 格罗比斯. 新建筑与包豪斯[M]. 张似赞, 译. 北京：中国建筑工业出版社, 1979.
[9] 尹定邦. 设计学概论[M]. 长沙：湖南科学技术出版社, 1999.
[10] 孙诒让. 墨子闲诂[M]. 北京：中华书局, 2001.
[11] 李渔. 闲情偶寄[M]. 李渔全集：第3卷. 杭州：浙江古籍出版社, 1987.
[12] 张晓玮. 中外美术发展简史[M]. 北京：北京理工大学出版社, 2018.
[13] 郭芳. 中国古代设计哲学研究[D]. 武汉：武汉理工大学, 2004.
[14] 黄赫曦. 中国传统设计伦理初探[D]. 南京：东南大学, 2017.
[15] 李蔓丽. 中西艺术设计文化探源[D]. 武汉：武汉理工大学, 2004.
[16] 黄柏青. 设计美学：学科性质、演进状况、存在问题与可行路径[J]. 湖南科技大学学报, 2012, 9(15): 5.
[17] 张黔. 设计美的构成层次[J]. 学术交流, 2015, 8(209): 214.